Radek Knapp ✧ Franio

RADEK KNAPP

FRANIO

MIT EINEM VORWORT VON STANISLAW LEM

Deuticke

Der Autor dankt dem Bundesministerium für Unterricht und Kunst für die freundliche Unterstützung seiner Arbeit.

Deuticke
A - 1010 Wien, Schwarzenbergstr. 5

Umschlaggestaltung: Robert Hollinger
unter Verwendung des Gemäldes *Der Schuster* von
T. Makowski
(Mit freundlicher Genehmigung des Nationalmuseums Warschau)
Druck: Wiener Verlag
Printed in Austria

ISBN 3-216-30102-8

Vorwort

Man braucht mehrere gute Geschichten für einen Band mit Erzählungen. Das ist bei einem Debutanten oft nicht einfach. Manchmal kommt es aber ganz anders: Dieser Band ist eine mit edlen Steinen verzierte Fassung, die dem darinnen versteckten Kleinod Glanz verleiht – eine echte Überraschung für jeden, dem der Begriff der Literatur noch teuer ist. Suchet, so werdet ihr auch finden.

Stanislaw Lem
Krakau, 3. Mai 1994

Herr Trombka und der Teufel

Sein ganzes Leben lang bewunderte Herr Trombka die Frauen. Schon als junger Eisenbahnschaffner war er imstande, einen Reisezug eine Viertelstunde später abzufertigen, weil ihm ein Fräulein aus der zweiten Klasse schöne Augen machte.

Die Uniform der polnischen Eisenbahn stand ihm so gut, daß ihn alle Passagiere, die vor der Abfahrt noch einen Blick aus dem Abteilfenster warfen, für einen Schiffskapitän hielten. Das Unauffälligste an dieser Uniform war die Schaffnerpfeife, die an einer Schnur um seinen Hals baumelte und dazu diente, das Abfahrtssignal zu geben. Doch ausgerechnet dieser Pfeife verdankte Trombka seine größten Erfolge bei den Frauen. Schon am frühen Morgen, im Bett, übte er darauf bekannte Melodien, die er bald in jeder Tonlage beherrschte. Er lernte sogar ein schwieriges Stück aus der »Fledermaus« auswendig, von dem man weiß, daß es jedes Fräulein unter fünfundzwanzig zuerst nachdenklich stimmt und dann in sonderbare Unruhe versetzt.

Um einem Fräulein zu imponieren, scheute Herr Trombka kein Risiko und ging oft weiter als jeder andere. Einmal setzte er sogar seinen geliebten Job aufs Spiel. Er arbeitete damals auf dem großen Zentralbahnhof in Warschau. Wegen einer Lappalie legte er sich mit dem Bahnhofsvorsteher an und wäre dadurch beinahe gekündigt worden.

Bahnhofsvorsteher Nowak – so hieß damals der Vorgesetzte Trombkas – hing nur an zwei Dingen: an der Wodkaflasche und an seinem Rottweiler, der auf den

Namen Max hörte. Nowak mochte seinen Hund so sehr, daß er für ihn sogar dasselbe wie für sich kochte. Gab es also zu Mittag Hühnersuppe – aßen sie Hühnersuppe, gab es Zwetschkenknödel – aßen sie Zwetschkenknödel. Während der Hund seine Portion unter dem Tisch verschlang, stocherte Nowak mit der Gabel in seinem Teller und kraulte Max von Zeit zu Zeit das Fell.

Aus irgendeinem Grund hatte es Max jedoch auf die Fräuleins aus der Fahrdienstleitung abgesehen. Er hatte eine für einen Hund seltsame Art, ihnen einen Schrecken einzujagen. Jedesmal, wenn ein Fräulein auf der Toilette saß, schlich Max lautlos heran, umkreiste das Toilettenhäuschen, stellte sich auf die Hinterpfoten und stieß mit der Schnauze das kleine Fenster in der Hinterwand auf. Sobald er sich an dem ahnungslosen Fräulein, das gerade seine Notdurft verrichtete, sattgesehen hatte, stieß er plötzlich ein derartiges Geheul aus, daß man es auf dem ganzen Bahnhof hörte. Dem armen Fräulein aber fiel das Herz in die Hose. Es verlor den Kopf und stürzte so, wie es gerade war, aus der Toilette. Vor den Augen der wartenden Fahrgäste lief es quer über den ganzen Bahnsteig ins Büro, wo es dann schockiert feststellte, daß es nicht nur den Rock nicht zugeknöpft, sondern unterwegs auch noch den rechten Pantoffel verloren hatte. Max begab sich inzwischen seelenruhig nach Hause, wo bereits Nowak mit dem Essen wartete.

Schließlich baten die Fräuleins von der Fahrdienstleitung Trombka um Hilfe. Sie wollten sogar einen Revolver besorgen – so sehr verabscheuten sie inzwischen den Hund des Bahnhofsvorstehers –, aber Herr Trombka hatte ein weiches Herz und ließ sich etwas Besseres einfallen.

Eines Abends, als Max von einem seiner Überfälle nach Hause trabte, stellte sich ihm Herr Trombka in den Weg. Er lockte den Hund mit einer Wurst in einen Güterwaggon, und ehe Max begriffen hatte, was geschehen war, wurde schon die Tür hinter ihm zugeworfen und verriegelt. Trombka koppelte den Waggon an einen Zug, der bereits eine halbe Stunde später nach Berlin rollte. Einen Tag und eine Nacht lang fuhr Max auf einer Ladung Sauerkraut durch ganz Polen und halb Deutschland und heulte, daß die Wände wackelten.

Eine Woche lang suchte Bahnhofsvorsteher Nowak nach dem Schuldigen, aber niemand verriet Trombka. Schließlich begriff Nowak, daß er Max nie mehr wiedersehen würde, und er hörte aus Verzweiflung zu trinken auf. Ein halbes Jahr darauf heiratete er eine Schaffnerin aus Lublin – so sehr war ihm die Sache ans Herz gegangen.

Max hingegen ging es gut. Er kam gesund in Berlin an. Der dortige Bahnhofsvorsteher nahm ihn zu sich, und er lebte wie früher. Vielleicht mit dem Unterschied, daß er nun deutsche Bürofräuleins in Panik und Schrekken versetzte. Man nahm es ihm aber nicht allzu übel, denn in Deutschland hatte man schon immer eine Schwäche für Rottweiler.

Obwohl Herr Trombka die Frauen wie kein anderer Mann bewunderte und – die Schlafenszeit ausgenommen – beständig Eroberungen plante und auch ausführte, verspürte er seltsamerweise nie den Wunsch, zu heiraten. Wenn er einer Bekanntschaft überdrüssig wurde, pfiff er im Zimmer seiner Geliebten eine Abschiedspolka, küßte das verwirrte Mädchen auf die Stirn und ließ sich nie wieder blicken.

Selbstverständlich waren manche Fräuleins zähe und achteten weder auf die Schaffnerpfeife noch auf die Äußerungen ihres Besitzers. In diesem Fall blieb Herrn Trombka nichts anderes übrig, als sich möglichst rasch an einen neuen Dienstort versetzen zu lassen. Auf diese Weile lernte er schon mit fünfundzwanzig das ganze Land kennen. Und als Polen nicht mehr ausreichte, wechselte er zu internationalen Eisenbahnlinien. Lernte Deutschland und Österreich kennen, übernachtete öfter in Prag und schaffte es sogar im fernen Paris, ohne ein Wort Französisch zu sprechen ein Herz zu brechen.

Am liebsten arbeitete er jedoch in der polnischen Provinz. Während die ganze Welt auf Elektrizität umgestiegen war, wurden dort zu seiner großen Freude die Lokomotiven noch mit Kohle angetrieben.

Es war nie abzusehen, wann im Heizkessel das Brennmaterial ausgehen würde. Wenn das geschah, blieb der Zug mitten im Wald stehen. Trombka schätzte derartige Fahrtunterbrechungen besonders. Er war der erste, der mit entblößtem Oberkörper, eine Axt in der Hand, von der Lokomotive herunterstieg. Aber statt im tiefen Wald zu verschwinden, wo die besten Bäume wuchsen, blieb er immer verdächtig nah an der zweiten Klasse, wo junge Mädchen, die gerade in die Ferien fuhren, saßen. Sie spähten neugierig durch heruntergelassene Fenster auf den Schaffner, der im Namen der polnischen Eisenbahnen eine kleine Birke, die am Gleisrand wuchs, fällte. Dabei stießen sie sich gegenseitig mit dem Ellbogen an und zeigten auf Trombka.

»Seht nur, was für ein kräftiger Baum das ist!« begeisterten sie sich, »und wie stramm er dasteht!« »Ob das ein Riesenfeuer gibt?« fragten sie sich und brachen in lautes Gelächter aus ...

Die Sprache der Liebe hat in der polnischen Provinz einen eigenen Jargon, den nicht jeder versteht. Für Trombka waren diese Bemerkungen aber reinster Honig. Er legte sich ins Zeug und nahm eine zweite Birke in Angriff. Die Mädchen sahen zu und kamen aus dem Staunen nicht heraus. Denn trotz allem war Trombka der magerste von allen Schaffnern, die man auf den polnischen Eisenbahnlinien jemals gesehen hatte.

2

Mit dreißig besaß Herr Trombka – außer seiner Uniform und zweitausend Zloty auf dem Sparbuch – noch immer soviel wie mit achtzehn. Zu diesem Zeitpunkt wurde er jedoch zum Bahnhofsvorsteher befördert und in ein kleines Nest namens Anin versetzt. Anin lag fünfzig Kilometer von Warschau entfernt. Es gab dort ein paar Lebensmittelgeschäfte, eine Kneipe, die den ausgefallenen Namen *Unter Drei Hunden* trug, eine Kirche für hundert Gläubige und eine Schule. Der Bahnhof, auf dem Trombka arbeiten sollte, lag auf einem Hügel außerhalb der Ortschaft. In der Nähe gab es einen Teich, und einen Kilometer weiter begann schon der Wald, der sich mit kleinen Unterbrechungen bis nach Ratibor zog. Trombka bezog eine kleine Dienstwohnung, wo er auch sein Büro hatte. Er hatte einen Angestellten, den alten Weichensteller Koralik, der bis dahin die ganze Arbeit allein gemacht hatte. Die Arbeit bestand darin, daß man auf den Bahnhof hinausging und so lange eine grüne Laterne hochhielt, bis der Schnellzug nach Krakau durchgefahren war. Dieser Zug fuhr jeden dritten Tag in Anin durch.

Natürlich hätte Koralik das weiter alleine machen können, aber es war eine neue Zeit gekommen, und die Generaldirektion entschied, daß jeder Bahnhof in Polen einen Bahnhofsvorsteher haben mußte.

Von nun an ging Trombka – abwechselnd mit Koralik – auf den Bahnsteig, bis der Krakauer Expreß vorbeigerast war. Das war seine ganze Beschäftigung.

Was jedoch für den einen ein verschlafenes Nest sein kann, entpuppt sich für den anderen als der Ort, wo sich sein Leben um hundertachtzig Grad wendet. So sollte es im Falle Trombkas sein. Das Schicksal nahm seinen Lauf, als er zum erstenmal von der Lehrerin Malinka hörte.

Malinka war ein Jahr zuvor nach Anin gekommen. Sie unterrichtete in der dortigen Schule Biologie, die man in Anin aus einem unerklärlichen Grund Anatomie nannte. Niemand wußte, wo sie geboren war. Sie sagte, sie käme aus Warschau. Aber da konnte sie auch gleich sagen, sie käme aus Nirgendwo. In einem Ort wie Anin hielt man nicht viel von Großstädten, wo Menschen zu Alkoholikern und Atheisten wurden.

Malinka wohnte in der Schule. Ihre Wohnung im Parterre des Schulgebäudes war groß und ließ sich gut einrichten. Aber sie bewies von Anfang an, daß sie aus Warschau kam. Sie zeigte kein Interesse an schönen Möbeln und Tischtüchern, die man in Anin händisch strickte. Sie wollte nicht einmal einen Schrank. Im Zimmer stand bloß ein Regal, wo sie ihre Bücher aufgestellt hatte. Ihre persönlichen Sachen bewahrte sie in einer kleinen Kiste, die mit einem Schloß versehen war. Die Kiste war so klein, daß dort höchstens ein paar Hemden reinpaßten. Aber wer weiß? Vielleicht besaßen die Menschen aus Warschau keine persönlichen Sachen?

Obwohl sie fünfundzwanzig war, hatte sie keine Freunde, ging kein einziges Mal ins Kino und bekam keine Briefe. Sie sprach nie von der Zukunft und benahm sich wie jemand, der keine Freude am Leben hat.

Einige Monate nach ihrer Ankunft begannen ihr seltsame Unfälle zuzustoßen. Eines Morgens, als sie im Badezimmer war, wurde plötzlich ein Gashahn undicht. Das Gas strömte mit unglaublicher Kraft heraus. Malinka drehte sich, schon halb benommen, um und konnte gerade noch um Hilfe rufen. Wäre nicht zufällig Schuldirektor Miodek, der oberhalb wohnte, zu Hause gewesen, wäre sie erstickt.

Kaum einen Monat später geschah wieder ein Unfall. Jemand vertauschte in ihrer Tasche harmlose Vitaminpillen gegen gefährliche Schlaftabletten. Wenn Malinka das nicht im letzten Augenblick noch gemerkt hätte, wäre es um sie geschehen gewesen.

Als sich die Leute darüber zu wundern begannen, gestand sie eines Tages, daß ihr jemand nach dem Leben trachte. Dieser Jemand verfolge sie schon seit Jahren. In Warschau wäre es ihm beinahe gelungen, Malinka umzubringen. Sie war nach Anin übersiedelt, um ihm zu entkommen. Aber dieser Jemand folgte ihr, denn er schien über ein allumfassendes Wissen, was das Mädchen betraf, zu verfügen.

Als sich jedoch die Unfälle zu häufen begannen, kamen langsam Zweifel an ihren Worten auf. Wie war es möglich, daß man diesen Jemand in Anin noch nie zu Gesicht bekommen hatte? In einem so kleinen Ort würde ein Fremder bald auffallen oder wenigstens Spuren hinterlassen, wodurch man ihn entlarven könnte. Die Beschreibungen Malinkas waren das einzige, worauf man sich stützen konnte.

Doch sie waren sonderbar ungenau und widersprachen einander. Einmal war es ein dunkelhaariger Mann, dann ein heruntergekommener Vagabund, ein andermal ein heimkehrender Soldat. Man wurde mißtrauisch, und schließlich tauchte das Gerücht auf, daß Malinka den geheimnisvollen Jemand erfunden hatte, um die Wahrheit zu verschleiern. Die Wahrheit aber lautete, daß sie lebensmüde nach Anin gekommen war, um Selbstmord zu begehen.

Es gab zwar Leute, die ihr glaubten und mit ihr Mitleid hatten, aber die meisten in Anin gingen ihr von da an aus dem Weg. Was Malinka darüber dachte, erfuhr man nicht, denn man hörte sie nie darüber sprechen.

Herr Trombka sah Malinka einen Monat nach seiner Ankunft in Anin zum erstenmal. Es geschah zufällig auf der Straße. Er war gerade mit Koralik zu den *Drei Hunden* unterwegs, wo die beiden nach Feierabend immer ein Bier tranken. Malinka kam ihnen mit einer Einkaufstasche entgegen. Sie ging an ihnen vorbei und blieb ein paar Meter weiter vor einer Auslage stehen. Trombka sah ihr nach und stieß Koralik mit dem Ellbogen an.

»Wer war das?«

»Diese Lehrerin, die sich umbringen will«, flüsterte Koralik, ohne sich umzudrehen.

Trombka blieb stehen. Er betrachtete Malinka von oben bis unten und kratzte sich am Kopf.

»Sieht aber gar nicht so aus. Sieh nur, wie ihre Jeans anliegen, Koralik. Eine Frau, die so enge Jeans trägt, ist kein Selbstmörder. Sieh sie nur an!«

Koralik drehte sich zögernd um und betrachtete Malinka. Er nickte: »Kann schon sein. Trotzdem gefallen mir Frauen in Röcken besser.«

»Euch Weichensteller kenne ich«, lächelte Trombka, »für euch existieren Frauen nur in Röcken.« Dann sah er Koralik an: »Warum flüsterst du eigentlich?«

Der alte Weichensteller wurde rot bis über beide Ohren. Trombka blickte wieder zu Malinka. »Man sieht gleich auf den ersten Blick, daß diese Frau etwas für Männer übrig hat. In diesem Nest gab es bloß keinen richtigen Mann für sie.«

Bevor Koralik schauen konnte, zog Trombka aus seiner Tasche die Schaffnerpfeife hervor. Er setzte sie an die Lippen und holte tief Luft. Eine ungarische Rhapsodie erklang. Trombka übte sie jeden Tag, für alle Fälle. Sie gelang ihm ausgezeichnet. Zehn Sekunden später verstaute er die Pfeife sorgsam in der Tasche.

»Eine schöne Melodie«, lobte Koralik. »Danke.« Trombka sah hinüber zu Malinka, um zu überprüfen, wie seine Vorstellung angekommen war. Aber entweder war Malinka taub, oder sie wollte Trombka nicht die erwartete Freude machen. Statt auf Trombkas Melodie zu reagieren, starrte sie in die Geschäftsauslage, als hätte dort etwas Besonderes ihre Neugier gefesselt.

»Ein Prachtstück, dieses Mädchen«, lobte Trombka anerkennend, »zu deiner Zeit hätte sie sich umgedreht und dir schöne Augen gemacht, Koralik. Aber wir leben im zwanzigsten Jahrhundert, da kann man sich nicht einfach so umdrehen. Keine zehn Pferde bringen sie dazu, und dabei platzt sie vor Neugier, wer so schön gespielt hat.«

Wie um seine Worte zu bestätigen, setzte sich Malinka auf einmal in Bewegung und überquerte die Straße. Sie entfernte sich schnell, ohne Trombka eines Blickes zu würdigen. Die beiden sahen ihr schweigend nach, bis sie um die Ecke bog.

»Ein Glück, daß ich im neunzehnten Jahrhundert auf die Welt gekommen bin. Mir hätte es nicht geschadet, wenn sie sich umgedreht hätte.«

»Was ist schon dabei?« platzte Trombka heraus, »sie hat es eben eilig gehabt. Auf der Straße gibt es außerdem jede Menge Ecken, und es kann schon passieren, daß jemand um eine biegt, ohne sich umzusehen, nicht?«

Trombka kratzte sich am Kopf.

»Und jetzt beeil dich. Es ist deine Schuld, wenn uns jemand in den *Drei Hunden* den besten Tisch wegschnappt.«

3

Der Frühling kam. Von Wald her strömte über ganz Anin der Duft von Harz. Es duftete sogar im Warteraum des Bahnhofs, wo sich ohnehin nie jemand aufhielt. Man konnte die Fenster über Nacht offen lassen.

Es war so warm wie im Sommer, aber überhaupt nicht schwül. Herr Trombka verbrachte viel Zeit auf der Bahnstation. Aus Langeweile spazierte er in der Gegend herum und dachte über einiges nach. Meistens kreisten seine Gedanken um Malinka. Er hätte sie gerne angesprochen, aber er wußte nicht, wie er das anfangen sollte. Bislang hatte er sie mehrere Male gesehen. Einmal stand er sogar hinter ihr in der Schlange vor dem Delikateßladen, hatte aber keinen Erfolg. Sie reagierte überhaupt nicht auf seine Annäherungsversuche. Er konnte auf seiner Pfeife trillern, soviel er wollte. Sie nahm weder ihn noch seine Schaffnerpfeife zur Kenntnis. Wer weiß? Vielleicht war sie wirklich taub?

Doch schließlich schaffte der Zufall, was Trombka vergeblich versucht hatte. Er führte ihn zu seinem langerwarteten Treffen. Wenn auch ganz anders, als er es sich vorgestellt hatte.

Es geschah an einem klaren Aprilmorgen. Herr Trombka saß gerade beim Frühstück, als er auf einmal jemanden um Hilfe rufen hörte. Durch das Fenster sah er, daß jemand, der offenbar nicht schwimmen konnte, in den Teich gefallen war. Er zappelte hilflos im Wasser und verschlimmerte dadurch seine Lage nur noch. Statt ans Ufer zu kommen, trieb er auf die Mitte des Teiches zu, wo das Wasser am tiefsten war.

Ohne lange zu überlegen, ließ Trombka alles liegen, stürzte aus dem Haus und lief hinunter. Von seiner Wohnung waren es über zweihundert Meter bis zum Teich. Herr Trombka konnte sich nicht erinnern, diese Strecke jemals in so kurzer Zeit zurückgelegt zu haben. Er konnte nicht erkennen, wer der Ertrinkende war, aber es kam ihm auf den ersten Blick seltsam vor, daß jemand sich in voller Kleidung ins Wasser gewagt hatte. Trombka schätzte blitzschnell die Entfernung ab, die ihn von dem Ertrinkenden trennte, und tauchte, wie er war, ins Wasser ein. Er erreichte ihn, als dieser bereits am Ende seiner Kräfte war. Ansonsten hätte sich Trombka unmenschlich anstrengen müssen, um ihn aus dem Wasser zu bekommen. Es war ohnehin schwer, den inzwischen Halbbewußtlosen ans Ufer zu hieven. Trombka nahm alle seine Kräfte zusammen und schleppte ihn ein paar Meter vom Wasser weg. Als er den Körper vorsichtig auf den Rücken drehte, erstarrte er: vor ihm lag Malinka.

Sie atmete, aber die Augen waren geschlossen. Trombka ergriff ihre Hand und suchte fieberhaft nach dem Puls. Er schlug langsam, aber regelmäßig. Sie war bewußtlos.

»Man muß mit Unfallopfern reden«, murmelte Trombka, der einmal einen Erste Hilfe-Kurs mitgemacht hatte.

Er betrachtete das Mädchen und überlegte inzwischen, was er ihr sagen konnte.

»Was immer es sein wird, sie hört es sowieso nicht«, dachte er erleichtert.

»Ich war gerade beim Frühstück«, begann er. Seine Stimme klang unsicher.

»Da höre ich Sie auf einmal rufen. Das heißt – ich hörte jemanden rufen ... Im übrigen haben Sie eine Stimme wie ein Mann, wenn Sie um Hilfe rufen.«

Trombka warf vorsichtshalber einen Blick auf Malinka. Sie reagierte nicht.

»Vor einer Woche habe ich Sie auf der Straße gesehen. Sie hatten einen Rock an. Meistens tragen Sie nur Hosen. So wie heute. Ich persönlich finde, daß Frauen Hosen tragen sollten. Ich hatte mal in Warschau einen Freund. Er sagte: Fng nie etwas mit einer Frau an, die Röcke trägt. Die wollen immer etwas verbergen. Wenn ein Mädchen Jeans anhat, weißt du alles von vornherein. Ein Rock ist eine Falle. Ehe du dich versiehst, hast du dir ein Ungeheuer angelacht.« Trombka nickte ein paarmal. Der Monolog mit der bewußtlosen Malinka hatte seine Erinnerungen geweckt.

»Mein Freund hieß Koschka. Er war viel älter als ich und knapp vor der Pensionierung. Offen gestanden, er hatte etwas gegen Frauen. Er trank zu viel. Dann hatten wir auf dem Bahnhof einen fürchterlichen Hund, der dem Chef gehörte. Dieser Hund hat eines Tages Koschkas Verdienstorden gefressen. Direkt von der Uniform. Koschka hatte ihn zu seinem zwanzigjährigen Dienstjubiläum bekommen und trug ihn bei jeder Gelegenheit. Als der Orden weg war, stellte er ein Ansuchen an die Direktion, um einen Ersatzorden. Aber die haben ihn ausgelacht, und Koschka wurde Alkoholiker.«

Trombka blickte auf Malinka herunter.

»Und Sie sehen aus wie diese Meerjungfrau, die ich auf einem Bild im Museum gesehen habe. Nur hatte sie keine Jeans an ...«

In diesem Moment bewegte sich das Mädchen. Es schien langsam das Bewußtsein zu erlangen. Etwas später öffnete es die Augen.

Trombka beobachtete diese Anzeichen mit Unruhe.

»Guten Tag. Wie geht es Ihnen?« stotterte er.

Malinkas Blick schweifte benommen hin und her.

»Wo bin ich? Wer sind Sie ...?« Ihre Stimme klang heiser.

»Bogumil Trombka. Bahnhofsvorsteher.«

Malinka starrte ihren Lebensretter an. Trombka hatte den Eindruck, daß seine Worte etwas Gutes bewirkten.

»Ich werde mich gleich übergeben«, verkündete

sie und drehte sich etwas zur Seite. Ein paar Tropfen grüner Flüssigkeit flossen aus ihrem Mundwinkel. Sie hatten die Farbe des Prager Birnenlikörs.

Trombka blickte taktvoll auf den Hügel, wo seine Bahnstation stand. Malinka kehrte wieder in ihre ursprüngliche Lage zurück. Sie hob den Kopf etwas und stützte sich ab. Ihr Gesicht bekam langsam Farbe.

»Fühlen Sie sich besser?«

»Danke ..., ich glaube, ja.«

Sie blickte um sich.

»War ich lange bewußtlos?«

»Drei, vier Minuten vielleicht.«

»Drei, vier Minuten ...«

Trombka kratzte sich am Kopf.

»Vielleicht ist das etwas indiskret ... Aber wie kommt es, daß Sie überhaupt in den Teich gefallen sind? Noch dazu in voller Kleidung?«

»Ich weiß nicht, wie es dazu kam«, antwortete sie, »aber ich bin bestimmt nicht von selbst hineingefallen. Ich bin hineingestoßen worden.«

»Hineingestoßen?« Trombka lächelte. »Von wem?«

»Ich war spazieren«, erinnerte sie sich, »unterwegs kam ich zu diesem Teich. Das Wetter war schön, es war kein Mensch da. Ich dachte, ich bleibe etwas am Ufer sitzen. Nach einer Weile fühlte ich, daß jemand hinter meinem Rücken war. Ich wollte mich umdrehen, aber es war zu spät. Zwei unglaublich starke Arme hoben mich hoch und stießen mich ins Wasser.«

»Das muß ein Riese gewesen sein«.

»Ich versuchte mich, solange es ging, auf der Oberfläche zu halten. Aber ich kann nicht schwimmen.

Dann geriet ich in Panik und rief um Hilfe. Wenn Sie nicht wären, wäre ich vielleicht ertrunken.«

»Haben Sie ihn gesehen?« fragte Trombka.

»Wie? Ich kämpfte, um nicht unterzugehen. Für etwas anderes hatte ich keine Augen.«

Trombka überlegte. Dann sagte er: »Die Leute in der Stadt erzählen Geschichten über Sie.« Malinka begann plötzlich zu lachen. Ihr Lachen klang sonderbar verbittert. »Etwa, daß ich eine Selbstmörderin bin? Daß ich alles erfinde?«

Der Eisenbahnschaffner nickte. Malinka blickte auf den Teich, wo sie noch vor kurzem gegen das Ertrinken gekämpft hat.

»Und Sie glauben das auch?« fragte sie nach einer Pause.

»Nein. Vorher habe ich es geglaubt, aber jetzt nicht mehr«, gestand er zu seiner eigenen Überraschung. Malinka sah ihn an. »Warum denn auf einmal?«

»Ich weiß es nicht.« Er wußte es wirklich nicht. Etwas flüsterte ihm ein, daß sie die Wahrheit sagte.

»Es muß ein Verrückter oder ein Mörder sein. Haben Sie einen Verdacht?«

Malinka lächelte: »Wozu raten, wenn man es weiß?«

»Sie wissen es?«

»Er ist weder wahnsinnig noch ein Mörder.«

»Was ist er dann?«

»Satan.«

Trombka lächelte ungläubig: »Satan?«

»Lachen Sie nicht«, sagte sie, »ich habe selbst an diese Dinge nicht geglaubt. Immer, wenn jemand sonderbare Geschichten erzählt hat, bin ich aus dem Zimmer gegangen. Wie kann es heutzutage Satan geben, wenn es nicht einmal einen Gott gibt? Aber vor etwa drei Jahren ist etwas Unerklärliches passiert. Wenn ich es nicht selbst erlebt hätte, würde ich es nicht für möglich halten. Es war in Warschau. Ich war damals noch Studentin und habe bei einem alten Ehepaar in Untermiete gewohnt. Mein Zimmer war auf dem Dachboden. Eines Nachts hörte ich ein sonderbares Geräusch. Es klang, als würde sich ein Loch in der Decke öffnen und wieder schließen. Ein starker Luftzug fegte durch das Zimmer. Ich fühlte deutlich, daß plötzlich jemand im Raum war. Ich hörte ihn sogar atmen. Dann hörte ich Schritte, die sich meinem Bett näherten. Wenig später ließ mein Bett unter einem großen Gewicht nach. Ich machte Licht, sah aber niemanden. Von da an geschah es regelmäßig. Satan kam zu mir und führte mich in Versuchung. Er war widerwärtig, aber er hatte eine wundervolle Stimme. Wissen Sie, was er zu mir sagte?« Trombka schüttelte den Kopf.

» ›Gib dir keine Mühe, Malinka. Es gibt keinen Gott und keine unsterbliche Seele. Das Leben nach dem Tod ist ein Märchen.‹ ›Warum existiert dann der Mensch?‹ fragte ich, aber er lachte: ›Muß man denn leben, um zu existieren? Lebe ich etwa? Dennoch kannst du mich hören.‹ ›Aber der Mensch ist etwas Besonderes‹, verteidigte ich mich, ›er besitzt wie kein anderes Wesen ein Bewußtsein. Er ist die Krone der Schöpfung. Bedeutet das etwa nichts?‹

›Der Mensch weiß nicht einmal, wer er ist‹, höhnte Satan, ›wie kann er dann wissen, wozu er geschaffen ist? In Wirklichkeit ist er nicht mehr wert als ein paar Kilo Erde. Du bist eine schöne Frau, Malinka. Aber in deinen Knochen gibt es genug Kalk, um eine Zimmerwand zu bleichen‹, sagte er und versuchte mich zu streicheln. ›Aber der Geist!‹ rief ich aus, um nicht zu zeigen, daß mein Widerstand schon langsam nachließ.

›Nichts als Bewegung von Atomen. In einem Sauerkrautfaß auf dem Jahrmarkt spielt sich das gleiche ab. Glaub nicht an Dinge, die es nicht gibt. Nur ich kann dich von dem Spuk, der das Leben ist, befreien. Aber vielleicht willst du zusehen, wie man altert?‹ Wenn ich mich weigerte, zu antworten, zwickte er mich ins Ohr. So verging keine Woche ohne einen Besuch von ihm.«

Malinka verstummte. Sie richtete sich auf. Ihre Kräfte schienen ungewöhnlich schnell wiederzukehren. Noch vor einigen Minuten war sie fast bewußtlos gewesen. Jetzt hatte sie schon einen klaren Kopf und war kräftig genug, von selbst aufzustehen. Sie fing den erstaunten Blick Trombkas auf.

»Es ist seltsam. Aber Satan versorgt mich mit einer sonderbaren Energie«, sagte sie, »einmal brach sich ein Schüler bei einem Ausflug das Bein. Ich trug ihn den ganzen Weg bis nach Anin. Ich spürte keine Ermüdung, obwohl ich ihn drei Kilometer getragen habe. Jemand wie ich kann einfach nicht lange leben.«

Sie erhob sich und kam schwankend auf die Beine. Trombka sprang hinzu und stützte sie. Malinka wehrte ab: »Es hat keinen Sinn ... Ich werde jetzt nach Hause gehen.«

»Ich sollte Sie begleiten.«

»Danke. Aber es ist nicht weit bis zu meiner Wohnung. Und außerdem ... sehen Sie nur ...«, Malinka tat ein paar Schritte, »... kann ich schon wieder gehen. Ist das nicht seltsam?«

Trombka verstummte. Er hatte so etwas noch nie zuvor gesehen. Bevor er reagieren konnte, drehte sich Malinka um und setzte sich in Bewegung. Sie ging, als ob nichts geschehen wäre. Trombka hob verlegen die Hand und rief ihr nach: »Kann ich Sie irgendwann wiedersehen?«

Malinka blieb für einen Moment stehen und drehte sich um. Sie war bereits ein gutes Stück von ihm entfernt: »Noch ehe der Mai vorüber ist, gehöre ich Satan«, sagte sie. Trombka starrte sie verblüfft an. Wieso hatte er so deutlich jedes Wort verstanden? Malinka hatte kaum den Mund geöffnet, so leise hatte sie gesprochen. Hatte etwa der Wind ihre Stimme zu ihm getragen? Oder hatte Satan, mit dem Malinka in einer geheimnisvollen Verbindung zu stehen schien, auch ihm einen Streich gespielt?

4

Wer immer es war, er hatte recht behalten. Malinkas sonderbare Prophezeiung ging in Erfüllung: Trombka sollte sie nicht mehr lebend wiedersehen. Eines Tages fand man sie frühmorgens leblos in ihrer Wohnung. Zuerst war aufgefallen, daß sie nicht zum Unterricht erschien. Man begann nach ihr zu suchen. Schuldirektor Miodek beteiligte sich persönlich daran. Er war auch derjenige, der sie fand. Sie lag mit aufgeschnittenen Pulsadern im Badezimmer.

Herr Trombka erfuhr von ihrem Tod durch Koralik, als der mit den Einkäufen von der Stadt zurückkam. Die Nachricht verbreitete sich wie ein Lauffeuer. Eine halbe Stunde danach sprach bereits ganz Anin darüber. Trombka lieh sich Koraliks Fahrrad und fuhr zu Malinkas

Wohnung. Man brauchte für diese Strecke eine halbe Stunde, aber Trombka legte sie in zehn Minuten zurück.

Als er ankam, lag Malinka auf dem Bett, um das zwei Männer vom Bestattungsamt mit Schuldirektor Miodek standen. Neben dem Bett wartete bereits der Sarg. Man hatte Malinka ein langes Kleid angezogen. Trombka hätte sie beinahe nicht erkannt. Die Handgelenke waren bandagiert. Alle betrachteten schweigend die Tote.

»Ich mochte diese Frau«, sagte Schuldirektor Miodek ohne jemanden anzusehen.

Die Männer vom Bestattungsamt setzten sich in Bewegung. Sie traten an das Bett und legten den Leichnam in den Sarg. Bevor sie ihn zudeckten, zögerte einer von ihnen und sah Direktor Miodek an.

»Möchten Sie ein Gebet sprechen?« fragte er.

»Nein.«

Direktor Miodek sah Trombka an. Dieser verneinte ebenfalls. Der Sarg wurde zugedeckt. Die beiden Männer trugen ihn aus der Wohnung. Auf der Straße wartete der Totenwagen. Es war ein alter Kombi, der einzige, den man in Anin für diesen Zweck gefunden hatte.

Die beiden Männer lüfteten die Mützen und verabschiedeten sich. Sie stiegen ein und fuhren davon. Miodek und Trombka sahen schweigend dem davonfahrenden Auto nach. Dann wandte sich Direktor Miodek an Trombka: »Ich wußte gar nicht, daß Sie Malinka so gut gekannt haben?«

»Ich habe sie so gut wie gar nicht gekannt«, widersprach Trombka. Seit er die Wohnung Malinkas betreten hatte, fühlte er sich eigenartig. Er hatte Ohrensausen, und es war ihm so heiß, daß er den Kragen lockern mußte.

»Ich muß jetzt gehen. Entschuldigen Sie mich, Herr Miodek«, sagte Trombka und verließ unter dem überraschten Blick Miodeks den Raum.

Drei Tage später fand das Begräbnis statt. Niemand in Anin kam zur Begräbnisfeier. Der Pfarrer weigerte sich, die Messe zu lesen. Wären nicht Schuldirektor Miodek und Trombka für die Kosten aufgekommen, hätte man Malinka außerhalb der Friedhofsmauer bestattet.

Sie waren auch die einzigen Trauergäste beim Begräbnis. An jenem Tag herrschte mildes Maiwetter. Der Totengräber, der sich um alles gekümmert hatte, war sehr gesprächig. Er trug eine rote Baseballmütze. Vorne fehlte ihm ein Zahn.

Nachdem er den Sarg im Grab untergebracht hatte, legte er eine Pause ein und steckte sich eine Zigarette an.

»Im Frühling gibt es immer einen Haufen Arbeit«, sagte er, »was die Frau Lehrerin angeht, so war das eine Frage der Zeit. Die Leute sagten, daß sie den Tod in den Augen hatte. Warum – das wußte niemand. Manche werden immer jung sterben – sogar wenn sie hundertmal hintereinander auf die Welt kommen.« Der Totengräber grinste. »Aber wir müssen alle mal den Löffel abgeben, nicht wahr, Herr Bahnhofsvorsteher?«

Trombka horchte auf. Warum hatte sich der Totengräber direkt an ihn gewandt? Er kannte diesen Mann überhaupt nicht. Außerdem konnte er sich nicht erinnern, ihn jemals zuvor in Anin gesehen zu haben. Er zog einen Hundertzlotyschein aus der Tasche, um den Totengräber zum Schweigen zu bringen. Dieser steckte den Schein sorgsam in die Tasche und warf die Zigarette weg. Dann spuckte er in die Hände und begann schnell das Grab zuzuschaufeln. Zehn Minuten später war alles erledigt.

Am Friedhofseingang reichte Schuldirektor Miodek Trombka die Hand.

»Herr Bahnhofsvorsteher, Sie können jederzeit bei mir vorbeischauen. Sie sind herzlichst eingeladen. Übrigens werde ich solange den Biologieunterricht weiterführen, bis der neue Lehrer aus Warschau da ist.«

Schuldirektor Miodek reichte Trombka die Hand und verschwand um die Ecke der Friedhofsmauer. Trombka blieb unschlüssig stehen. Er hatte das Gefühl, von jemandem beobachtet zu werden. Als er sich umdrehte, sah er am Grab Malinkas einen fremden Mann mit der feuerroten Mütze des Totengräbers stehen.

Er glaubte, in ihm den Satan zu erkennen.

5

Von nun an begannen in Trombkas Wohnung seltsame Dinge vorzugehen. Eines Tages fand er seine Sachen im Schrank durchwühlt, obwohl niemand seine Wohnung betreten hatte. Einen Tag darauf verschwand aus seinem Zimmer ein Stuhl, den er noch aus Warschau mitgebracht hatte. Nachts hörte er unter seinem Bett lautes Gekicher. Als er dort nachsah, fand er nichts. Morgens beim Rasieren tauchte plötzlich neben ihm im Spiegel ein fremdes Gesicht auf und grinste über seine Schulter. Als wäre das nicht genug, erblickte Trombka eines Abends hinter dem Fenster die tote Malinka. Sie hatte dasselbe Kleid an, das ihr die Männer vom Bestattungsamt am Tage ihres Todes angezogen hatten. Um ihre Handgelenke waren noch immer Bandagen gewickelt. Sie schwebte in der Luft und klopfte an die Fensterscheibe, damit er sie hereinließe. Als Trombka zwei Schritte in ihre Richtung machte, verschwand sie.

In Anin machten inzwischen die unglaublichsten Gerüchte die Runde. Man sagte, daß sich in Trombkas Haus der Teufel eingenistet hätte, um ihn zu ärgern und schließlich wie die Lehrerin Malinka in den Selbstmord zu treiben. Und da gegen den Satan noch niemand gewonnen hatte, wartete man nur darauf, daß der böse Geist von Trombka Besitz ergreifen würde. Wie zur Bestätigung dessen änderte sich sein Benehmen zusehends. Wenn man ihn auf etwas ansprach, war er selten bei der Sache und gab derart sonderbare Antworten, wie man sie in Anin noch nie zuvor gehört hatte. Jeder hatte etwas Ungewöhnliches über ihn zu erzählen. Den Anfang machte Gemüsehändler Maniek, der Trombka ein paar Tage nach dem Begräbnis Malinkas beobachtete. Trombka ging auf der Straße und redete laut vor sich hin, obwohl neben ihm niemand zu sehen war. Der Bahnhofsvorsteher fuchtelte dabei mit den Händen und rief mit derartigem Eifer immer wieder den Namen Malinkas aus, daß Maniek ein Kälteschauer den Rücken herunterlief und er in den *Drei Hunden* augenblicklich einen kleinen Wodka zu sich nehmen mußte.

Auch Pater Smolny steuerte eine seltsame Geschichte bei: Eines Morgens war Trombka unerwartet in der Kirche aufgetaucht und hatte eine sonderbare Beichte abgelegt. Er gestand, daß er sich von Satan heimgesucht fühle. Und nachdem er Pater Smolny den Satan genau beschrieben hatte, fragte er plötzlich:

»Kann der Teufel mit einer Frau ein Verhältnis haben, Pater?«

Pater Smolny, der am frommen Tschenstochauer Seminar seine Weihen bekommen hatte, war auf solche Fragen gut vorbereitet: »Nur ein Mensch aus Fleisch und Blut kann es«, urteilte er, und weil er Trombka mochte, setzte er leise hinzu, »sogar ich könnte es, mein Sohn, wenn es nicht Sünde wäre. Aber Satan ganz gewiß nicht.«

Tags darauf kam zu den Gerüchten ein neues hinzu, das alle bisherigen an Absurdität weit übertraf. Demnach war Trombka krankhaft eifersüchtig auf Satan, weil dieser ihm die Lehrerin Malinka weggenommen hatte.

Am sonderbarsten klang aber die Geschichte von Koralik, dem einzigen Menschen, der in Anin noch Trombkas Vertrauen genoß. Eines Abends tauchte Trombka wie aus heiterem Himmel in den *Drei Hunden* auf. Im Lokal waren fast keine Gäste mehr. Die wenigen, die dort waren, trauten ihren Augen nicht. Trombka war kaum wiederzuerkennen. Er sah aus, als hätte er drei Nächte hintereinander nicht geschlafen. Sein Haar war zerzaust, sein Gesicht hatte tiefe Falten bekommen. Die immer einwandfreie Bahnhofsvorsteheruniform war zerknittert, und an den Ärmeln fehlten Knöpfe. Trombka, der sonst nie Alkohol trank, bestellte einen *Grasovka* und nahm neben Koralik Platz.

»Ich hätte nie gedacht, daß mir so etwas passsieren würde«, beklagte er sich. »Seit mehreren Tagen kann ich nicht mehr schlafen. In meinem Zimmer geht etwas vor. Ich höre Stimmen und Gelächter. Manchmal erscheint die tote Malinka und flüstert mir ins Ohr: ›Zieh mich aus dem Grab, Bogumil. So wie du mich damals aus dem Teich gezogen hast.‹ Dann lächelt sie so seltsam, daß ich nicht weiß, ob sie es ernst meint oder sich über mich lustig macht. Koralik, ich weiß, wer für ihren Tod verantwortlich ist. Eines Tages werde ich ihm dafür den Hals umdrehen.«

»Du willst den lieben Gott erwürgen? Du, ein einfacher Eisenbahnschaffner?« erschrak Koralik. Der alte Weichensteller war stockbetrunken.

»Nein, den Satan. Er hat sie auf dem Gewissen.« Trombka sah sich um, als fürchte er, von jemanden belauscht zu werden: »Weißt du, was letzte Nacht geschehen ist?«

Koralik schüttelte den Kopf.

»Er erschien persönlich in meinem Zimmer und fing an, mir zu drohen. Er sagte: ›Laß die Finger von Malinka. Sie ist tot und nun gehört sie mir. Ich war drei Jahre lang hinter ihr her. Weißt du denn eigentlich, wie schwer es heutzutage ist, eine Frau zum Selbstmord zu überreden?‹ Während er mit mir redete, ging er im Zimmer herum und nahm alles in die Hand, ohne zu fragen. ›Solange sie lebte, habe ich darauf geachtet, daß sie niemanden kennenlernt. Jetzt ist sie schon zwei Wochen bei mir und hat noch kein einziges Wort mit mir gewechselt. Als ich ihr gestern den ersten Kuß geben wollte, stieß sie mich einfach weg.‹ Er ging zum Spiegel, der an der Wand hing, und betrachtete sich ausgiebig darin. Seine häßliche Fratze grinste: ›Bin ich denn etwa nicht gut genug?‹ Ich war starr vor Angst. Er wandte sich zu mir um und zeigte mit dem Finger auf mich. Er war so wütend, daß aus seinem Mund statt Atem schwarzer Rauch hinauskam. ›Das ist alles deine Schuld, Bogumil!‹ ›Wieso denn meine?‹ stammelte ich. ›Sie liegt im Grab, denkt aber immer noch an dich. Solange sie das tut, ist sie nicht ganz tot. Nur was tot ist, gehört mir ganz.‹ Dabei sah er mich so an, daß mir das Herz in die Hosen fiel. Er weidete sich eine Weile an meinem Anblick, denn ich sah nicht gerade wie ein Held aus, Koralik. Er kam langsam näher, ohne den Blick von mir zu wenden. Er starrte die ganze Zeit auf meine Brust. Genau dorthin, wo das Herz liegt. Aber er hatte es nicht auf mein Herz, sondern auf meine Schaffnerpfeife abgesehen. ›Du brauchst keine Angst zu haben, Bogumil‹, beruhigte er mich. Aber ich begann darauf nur noch mehr zu zittern. Er war inzwischen so nah, daß er mich schon fast berührte. ›Ich möchte diese Schaffnerpfeife haben‹, sagte er. ›Wozu brauchst du denn meine Schaffnerpfeife?‹ stotterte ich. ›Es ist das einzige, was mich von Malinka trennt.‹ ›Du kannst mein Sparbuch, meine Uniform, meinetwegen meine Photosammlung von den Fräuleins haben‹, antwortete ich und wich einen Schritt zurück. ›Die Schaffnerpfeife‹, sagte er und streckte die Hand danach aus. ›Niemals‹, sagte ich, ›nur über meine Leiche.‹ ›Wie du willst‹, ruft er auf einmal und fliegt auf mich zu. So etwas hast du noch nie gesehen, Koralik. Er segelt in der Luft, landet auf meiner Brust und drückt, bis ich keine Luft mehr bekomme. Er ist so schwer wie Granit. Ich versuche mich zu wehren und packe ihn bei der Gurgel. Aber sein kleiner Finger ist so stark wie zehn Holzfäller. Sieh nur her, Koralik.«

Trombka zog einen Ärmel hoch und zeigte seinen Unterarm. Auf der Haut sah man frische Kratzer. »Das ist von gestern. Doch das Merkwürdige ist, daß diese Wunden schnell heilen. Gestern waren sie doppelt so groß!«

Trombka rollte den Ärmel wieder herunter: »Letzte Nacht hätte er mich beinah erwürgt. Aber er hat sie nicht bekommen. Ich habe die Pfeife im letzten Augenblick in den Mund gesteckt, und dort kommt kein Teufel heran.« Trombka sah Koralik an: »Sei ehrlich, glaubst du, daß ich noch ganz normal bin?«

Koralik nickte. Er hat an jenem Abend so viel *Grasovka* getrunken, daß er auch genickt hätte, wenn vor ihm eine fliegende Untertasse gelandet wäre.

Trombka drohte mit der Faust.

»Er wird sie nicht bekommen! Lieber soll mich der Schlag treffen«, rief er. Dabei wußte man nicht, ob er die Schaffnerpfeife oder Malinka meinte.

Schließlich erhob er sich vom Tisch und bezahlte an der Theke. Dann verabschiedete er sich von Koralik und verließ das Lokal. Alle Anwesenden sahen ihm nach. Vielleicht ahnten sie bereits an jenem Abend, daß sie ihn zum letztenmal in den *Drei Hunden* gesehen hatten.

6

Schuldirektor Miodek verfügte trotz seiner fünfundfünfzig Jahre über zwei erstaunliche Fähigkeiten. Sein ausgezeichnetes Gehör erlaubte ihm, auf zehn Meter Entfernung zwei Schüler zu belauschen, die sich hinter seinem Rücken über ihn lustig machten. Und seine körperliche Kraft ermöglichte ihm, in solchen Fällen von seinem Wissen anschließend Gebrauch zu machen. Der ungehorsame Schüler wurde mit Leichtigkeit an beiden Ohren bis in Augenhöhe des Direktors gehoben. Auf diese Weise behandelt zu werden, bedeutete zweierlei. Einerseits war es eine schmerzliche Erfahrung, andererseits fühlte sich der Schüler in geistige Höhen emporgehoben, die er bis dahin nur vom Hörensagen gekannt hatte. Sogar der Stupideste begriff dann im Fluge Algebra und Rechtschreibung, konnte innerhalb von zwei Tagen alle Hauptstädte Europas auswendig und wußte nicht nur, wer Sokrates war, sondern auch, woran dieser gestorben war. Mit einem Wort – diese einfache Prozedur wirkte Wunder und verschaffte Schuldirektor Miodek das Gefühl der Ruhe.

Seit einigen Tagen jedoch litt Direktor Miodek an unerklärlichen Schlafstörungen. Vielleicht lag es an dem tragischen Tod der Biologielehrerin, der drei Wochen zurücklag, vielleicht aber auch daran, daß Herr Miodek sich von Natur aus viele Gedanken machte. Eines Nachts wurde er von deutlichen Geräuschen aufgeweckt, die keine Einbildung waren. Diese Geräusche drangen durch den Fußboden in sein Schlafzimmer hinauf. Sie hörten sich wie Geflüster an, was seltsam war, denn um diese Zeit befand sich außer Direktor Miodek im ganzen Gebäude keine Menschenseele. Schuldirektor Miodek beschloß, der Sache auf den Grund zu gehen. Durch einen Blick aus dem Fenster überzeugte er sich, daß keiner seiner Schüler sich einen Scherz erlaubt hatte. Der Schulhof war leer. Direktor Miodek schlüpfte in seine Hausschuhe und stieg die Treppe hinunter. Von Zeit zu Zeit blieb er stehen und horchte. Er ähnelte dabei dem Jagdhund vom Briefträger Motill – jenem Motill, der im Sommer zuvor versehentlich einen Storch abgeschossen hatte, und um den fatalen Irrtum aufzuklären sogar bis nach Warschau fahren müssen hatte.

Im ersten Stock stellte Herr Miodek nichts Außergewöhnliches fest. Das, was die Geräusche verursachte, mußte im Parterre sein.

Dort angekommen, bemerkte Miodek vorerst nichts. Nach ein paar Minuten wurden die Geräusche wieder hörbar. Es war ein Gespräch, das auf sonderbare Weise geführt wurde. Die Sätze klangen verunstaltet. Pausen traten ein, wo man sie am wenigsten vermutet hätte. Die Stimmen kamen aus dem linken Gang, wo die Dienstwohnung der verstorbenen Lehrerin Malinka lag. Direktor Miodek blieb stehen. Er konnte nicht einfach durch die Tür in die Wohnung Malinkas gelangen. Sie war seit drei Wochen versperrt, und der Schlüssel lag oben in Miodeks Schlafzimmer. Direktor Miodek verließ das Schulgebäude. Er wollte durch das Fenster einen Blick in die Wohnung werfen. Draußen schien der Mond, der immer wieder von Wolken verdeckt wurde. Seit einigen Tagen war es ungewöhnlich schwül, und es sah nach einem Gewitter aus.

Schon von weitem bemerkte er, daß eines der Fenster offenstand, obwohl am Vortag noch alle geschlossen gewesen waren. In der ganzen Wohnung herrschte Finsternis. Die Laute waren verstummt, aber Miodek hatte keinen Zweifel, daß er die Quelle gefunden hatte.

Plötzlich kam der Mond hinter den Wolken hervor und beleuchtete den Raum. Schuldirektor Miodek sah etwas, was man bestenfalls für eine Halluzination halten konnte.

Er sah Herrn Trombka, der verzweifelt mit dem Satan kämpfte. Trombka saß auf der Couch. Seine Augen waren auf die gegenüberliegende Wand gerichtet. Dort hing etwas. Es hatte keine Beine und keine Arme. Es sah wie ein Mensch aus, nur etwas kleiner. Aus dem Mund streckte es eine Zunge. Sie war so lang, daß sie durch das ganze Zimmer bis zu Trombka reichte. Was immer es war, eine rätselhafte Kraft ging davon aus. Alle Gegenstände in seiner Nähe schwebten in der Luft. Sogar die

Couch, auf der Trombka saß, hing einige Zentimeter über dem Boden. Noch nie hatte Miodek einen Menschen gesehen, der dermaßen verängstigt aussah. Aber in Trombkas Augen spiegelte sich nicht nur Entsetzen, sondern auch ein sonderbarer Schmerz, wie man ihn fühlt, wenn die endgültige Niederlage herannaht.

In diesem Augenblick verschwand der Mond wieder hinter den Wolken. Die Wohnung hüllte sich erneut in Dunkelheit. Herr Miodek fühlte plötzlich, daß seine Stirn schweißnaß war. Er wich einen Schritt zurück und setzte sich in Bewegung. Aus Angst, der Wohnung Malinkas den Rücken zuzuwenden, ging er ein paar Schritte rückwärts. Erst als er um die Ecke des Schulgebäudes bog, drehte er sich um und fing zu laufen an. Er lief, als ob der Teufel hinter ihm her wäre. Er lief nach Anin, wo schon alle schliefen und keine Ahnung von diesen unheimlichen Geschehnissen hatten.

Die restliche Nacht verbrachte Miodek auf der Bahnstation bei Koralik, dem er alles erzählte. Erst am darauffolgenden Morgen betraten die beiden Männer die Wohnung Malinkas. Koralik ging vor. Die Wohnung war leer. Es gab keine Spur von Trombka und keine Anzeichen eines Kampfes. Auf dem Tisch lagen ein paar Bücher, die einmal Malinka gehört hatten. Auf dem Regal stand ein Bild von ihr, das in ihrer Studentenzeit aufgenommen worden war. Die beiden Männer sahen sich ratlos um.

Auf einmal bückte sich Miodek und hob vom Boden einen kleinen silbernen Gegenstand auf.

»Das lag unter der Couch, auf der gestern Trombka gesessen ist«, sagte er und reichte ihn Koralik.

Koralik nahm den Gegenstand und betrachtete ihn. Es war Trombkas Schaffnerpfeife.

»Was ist das?« fragte Miodek.

»Seine Schaffnerpfeife. Er hat darauf schöne Melodien gespielt.«

»Wie ist das möglich? Haben Sie nicht einmal behauptet, daß er sich nie von ihr getrennt hat?« wunderte sich Miodek.

»Und ob! Wo er auch ging, sie hing immer um seinen Hals.«

»Und warum liegt sie dann jetzt auf einmal unter der Couch?«

»Weil jetzt der Teufel darauf spielen wird.«

Miodek war sich nicht sicher, ob Koralik das ernst meinte oder scherzte. »Kann der Teufel denn überhaupt auf einer Schaffnerpfeife spielen?«

»Ah ...«, seufzte Koralik und richtete seine blutunterlaufenen Augen auf den Schuldirektor: »Sie haben keine Ahnung, wozu der Teufel fähig ist.«

Franio

Damals, als alles noch ganz anders war als heute, als die Leute noch so arm waren, daß sie sich gerne zusammensetzten und miteinander unterhielten, hatten meine Großeltern zwei Nachbarn.

Links, in einem Haus, das mit schwarzer Teerpappe gedeckt war, wohnte Antoni Muschek mit seiner Frau. Herr Muschek war Schuster von Beruf und hatte früher für die polnische Armee gearbeitet, wo er zwanzig Jahre lang Militärstiefel anfertigte. Als er in Pension ging, brachte er es nicht übers Herz, seinen Beruf aufzugeben, und machte weiter Schuhe für die Leute aus unserer Umgebung. Obwohl er der einzige Schuster weit und breit war, gab er sich größte Mühe, den Ansprüchen der Zivilbevölkerung gerecht zu werden. Er konnte sich jedoch noch so sehr bemühen und auf die neueste Mode achten, die Schuhe Muscheks erinnerten immer erstaunlich an jene Militärstiefel, die polnische Offiziere dreißig Jahre zuvor getragen hatten.

Rechts von uns wohnte der Glashändler Kossa. Zum Unterschied von Schuster Muschek war Kossa Junggeselle. Er besaß einen hölzernen Karren und eine Stute, die Scharabajka hieß. Jeden Morgen spannte er sie vor den Karren und fuhr durch die Straßen. Kossa kaufte den Leuten alte Flaschen ab, die er mit Gewinn an eine Glasfabrik in unserer Gegend weiterverkaufte.

Obwohl Schuster Muschek und Glashändler Kossa seit zwanzig Jahren beinahe Nachbarn waren, konnten sie sich nicht ausstehen. Wenn sie sich auf der Straße oder in der Schlange vor dem Lebensmittelladen begegneten, tauschten sie einen freundlichen Gruß aus. Kaum waren sie aber zu Hause, kaum fühlten sie sich unbeobachtet, liefen sie wie um die Wette zum Zaun und überhäuften einander mit Beschimpfungen.

Sie kamen um die gleiche Abendstunde aus dem Haus, rannten zum Zaun und sahen aus, als hätten sie den ganzen Tag auf diesen Augenblick gewartet. Meine Großeltern, deren Garten wie eine neutrale Zone zwischen den beiden lag, dachten manchmal mit Angst daran, was wohl geschehen würde, wenn es keinen Raum gäbe, der sie voneinander trennte, wenn Kossa und Muschek wirklich Nachbarn wären? Im Sommer, wenn die Abende so lang wurden, daß die Leute das Abendessen noch bei Tageslicht herrichteten, sah man sie immer besonders ausgiebig miteinander streiten. Jeder stand an seinem Zaun, hielt sich an den Zaunlatten fest wie ein Boxer an den Seilen und versuchte, den anderen besonders schwer zu treffen.

»Sie werden sehen, Herr Kossa!« rief Schuster Muschek, wenn er an der Reihe war, »eines Morgens werden Sie aufstehen, und es wird sich herausstellen, daß Ihr Zahnputzglas aus Plastik ist! Alles um Sie herum, was einmal aus Glas war, wird aus Plastik sein. Und wenn Sie ein Glas sehen wollen, werden Sie ins Museum gehen müssen.« Trotz ihrer Feindschaft waren beide noch nach zwanzig Jahren per Sie. Kossa hielt sich an seinem Zaun fest und rief zurück: »Dafür werden eines Tages die Leute auf der Straße in Turnschuhen spazieren gehen!«

»In Turnschuhen?! Daß ich nicht lache – so tief wird niemand sinken.«

»Die Leute werden in der Straßenbahn Turnschuhe tragen. Und wissen Sie, was das Beste sein wird?«

»Nein ...«, rief Muschek und bekam vor Aufregung Schluckauf.

»Sie werden damit zur Arbeit gehen!«

»Zur Arbeit?!« höhnte Muschek mit einem ungläubigen Lächeln.

»Jawolll! Zur Arbeit!« wiederholte Kossa und verstummte. Auf einmal brachen beide in schreckliches Gelächter aus. Denn obwohl Schuster Muschek und Kossa Feinde waren, wußten sie, wann sie übertrieben.

Unterdessen saßen meine Großeltern vor dem Haus und sahen mal nach links, mal nach rechts, je nachdem, wer gerade dran war. Die Wortgefechte spielten sich über ihren Köpfen ab und zogen sich bis in die Dunkelheit hinein, denn die beiden vergaßen nicht nur, daß sie am Vortag und am Tag davor das gleiche gesagt hatten, sondern auch, wie spät es war. Kein Mensch konnte wissen, wie lange das dauern würde, wenn nicht plötzlich Frau Muschek durch das Küchenfenster gerufen hätte: »Antooni, kommst du endlich! Das Essen steht auf dem Tisch ...!«

Sie machte es genauso wie die Mütter meiner Kameraden, wenn die zu lange draußen Fußball spielten und es schon höchste Zeit war, daß sie nach Hause kamen. Und bei Schuster Muschek wirkte es auch jedesmal. Sobald er die Stimme seiner Frau hörte, drehte er sich um und trottete zum Haus. Bevor er jedoch ganz verschwand, blieb er kurz im Eingang stehen und hob die Faust, zum Zeichen, daß er und Kossa noch lange nicht miteinander fertig waren, ja, daß sie womöglich weder am nächsten Tag noch irgendwann später miteinander fertig sein würden.

2

Wenn die Leute die Wahrheit nicht kennen, erfinden sie eine. Auf die Menschen bei uns traf das besonders zu. Weil niemand den Grund für die Feindschaft zwischen Kossa und Muschek kannte, erfand man einen. Eines Tages tauchte das Gerücht auf, daß Kossas Junggesellendasein an allem schuld sei. Wenn er nämlich verheiratet wäre, würde irgendwann Frau Kossa ihn aus dem Küchenfenster zum Abendessen rufen. So aber war das letzte Wort im Streit Schuster Muschek vorbehalten. Herr Kossa lebte dadurch in ständiger Eifersucht auf seinen Feind, der nicht nur ein mit schwarzer Teerpappe gedecktes Haus, sondern auch eine Ehefrau sein eigen nannte. Auf jeden Fall sahen es die Leute so, und so erzählten sie es auch weiter. Doch nichts war weiter von der Wahrheit entfernt.

Der Grund für Kossas Junggesellensein lag nicht darin, daß er keine Frauen mochte. Im Gegenteil – er schätzte die Fräuleins, und das Weibliche überhaupt, sehr. Wer weiß, ob nicht mehr als Schuster Muschek, der schon zwanzig Jahre mit Frau Muschek unter einem Dach lebte. Doch noch mehr als die Frauen liebte Kossa die Freiheit.

Wenn er irgendwo auf der Straße ein Fräulein, das er nur vom Sehen kannte, erblickte, sprang er augenblicklich von dem Karren, der von der Stute Scharabajka gezogen wurde. Er verbeugte sich vor dem Fräulein und erkundigte sich nach seiner Gesundheit. Wenn das Fräulein guter Laune war, war Kossa es auch und küßte ihm gleich die Hand. Der Karren rollte unterdessen allein weiter, aber Herr Kossa hatte nur Augen für das schöne Fräulein, machte Komplimente, lobte die neue Frisur und war entzückt von den gepflegten Fingernägeln. Wenn jedoch das Fräulein sich für Herrn Kossa zu interessieren begann, ihm zulächelte und sich sogar mit ihm für den Abend verabreden wollte, wurde Herr Kossa auf einmal unruhig. Er begann auf der Stelle zu treten, errötete leicht, und wenn ihm nichts anderes mehr einfiel, zeigte er auf den davonrollenden Karren. Er verbeugte sich wieder, stammelte eine Entschuldigung, machte kehrt und lief dem Karren nach. Das Fräulein sah Herrn Kossa überrascht nach, öffnete sogar noch den Mund, um etwas zu fragen, aber Herr Kossa lief wie der Teufel und war schon viel zu weit weg, so weit, daß es laut nach ihm rufen hätte müssen. Schließlich senkte das Fräulein den Kopf und nahm seinen Weg wieder auf, von dem es Herr Kossa abgebracht hatte. Seltsamerweise schlug es nie dieselbe Richtung wie der Glashändler ein, sondern immer die entgegengesetzte. Die Leute, die daneben standen und diese Szene beobachteten, lachten und trösteten das Fräulein, es solle Kossa nicht allzu böse sein, weil er zu einem Rendezvous nun mal immer mit seinem Pferdekarren ginge.

Einmal hatte ich sogar Gelegenheit, mich mit eigenen Augen zu überzeugen, wie sehr Herr Kossa bereit war, seine Freiheit zu verteidigen. Eines Tages, auf dem Weg zur Schule, kam ich an seinem Haus vorbei und wurde Zeuge einer ungewöhnlichen Szene. Ich sah durch das Fenster, daß Herr Kossa gerade im Begriff war, sich zu rasieren. Er zog seinen Ledergürtel aus der Hose und machte ihn an der Türklinke fest. Dann spannte er den Gürtel und schärfte daran das Rasiermesser. Dabei rutschten seine Hosen bis zu den Knöcheln herunter. Statt die Hosen hochzuziehen, begann er, das Gesicht mit Rasierschaum einzuseifen, und warf von Zeit zu Zeit einen zufriedenen Blick in den Badezimmerspiegel. Aber offenbar befriedigte ihn das noch nicht vollständig. Er zog die Hosen wieder hoch und spazierte mit dem Rasierschaum im Gesicht durch die ganze Wohnung. Sogar im Klo und in der Abstellkammer schaute er vorbei. In jedem Raum hing ein kleiner Wandspiegel, wo er sich betrachtete und dann ein »Guten Morgen« murmelte. Auf diese Weise wußte Herr Kossa nach dreißig Jahren Junggesellenleben noch immer nicht, was Einsamkeit bedeutet. Denn bereits am Morgen war das Haus voller Kossas, die dem echten Herrn Kossa Gesellschaft leisteten und ihn in gute Laune versetzten. Sobald sich Kossa ihrer Gesellschaft versichert hatte, schlenderte er zurück ins Badezimmer, wo sein Rasiermesser wartete und er hochzufrieden das Radio einschaltete.

Aus dem Radio tönte ein englisches Lied, das ich bis zu meinem Versteck hören konnte. Herr Kossa hörte seit Jahren nicht nur Lieder, sondern auch Nachrichten in englischer Sprache. Nicht so sehr, weil er das verstand, eigentlich hatte er keine Ahnung davon, sondern weil sein Haus als einziges in der ganzen Gegend englischsprachige Sendungen empfangen konnte.

Herr Kossa ergriff das Rasiermesser und begann sich vorsichtig das Kinn zu rasieren. Der Rasierschaum war inzwischen eingetrocknet, aber unserem Nachbarn schien das nicht auszumachen. Er führte das Rasiermesser immer energischer halsaufwärts bis zu den Ohren und summte dabei.

Während Herr Kossa ganz in sein Spiegelbild versunken war, tauchte im Fenster der Kopf seiner Stute auf, die von der Melodie aus dem Radio angezogen wurde. Scharabajkas Stall war nur wenige Schritte von Kossas Haus entfernt und bestand aus einem notdürftig umgebauten Holzschuppen. Jedesmal, wenn sie das Radio hörte, kam sie herüber, steckte den Kopf durch das Fenster und betrachtete mit Interesse alle Gegenstände, die auf dem Fensterbrett lagen. Und jedesmal, wenn Kossa im Spiegel neben seinem Gesicht das von Scharabajka sah, geschah das gleiche Unglück. Das Rasiermesser in seiner Hand zuckte. Herr Kossa erstarrte und befühlte vorsichtig die verletzte Stelle am Kinn. Dabei liefen ihm ein paar Tropfen Blut über den Daumen, und unser Nachbar, den der Anblick des eigenen Blutes erstaunlich nervös machte, wurde kreidebleich.

Er drehte sich zu Scharabajka um und hielt ihr den blutigen Finger unter die Nase. »Sieh nur, was du angerichtet hast«, beschwerte er sich, »ich habe mir beinahe den Hals aufgeschlitzt.« Herr Kossa hatte seine Stute schon gekauft, als sie noch ein kleines Fohlen war, und redete mit ihr wie mit einem Menschen. Er drehte sich wieder zum Spiegel hin, machte Scharabajka aber weiter Vorwürfe.

»Eines Tages wird man mich im Badezimmer tot auffinden«, prophezeite er, »die Leute werden kommen, auf mich mit dem Finger zeigen und sagen, ›seht nur, wer hat bloß dem alten Kossa den Hals aufgeschlitzt?! Er hatte keine Feinde und nun liegt er in einer Blutlache. Er liebte die Freiheit und er liebte die Frauen. Und was hat er jetzt davon? Gar nichts. Nach ein paar Jahren wird sich niemand mehr an ihn erinnern.‹ Sie werden das Haus abreißen und quer durch meinen Garten eine Schnellstraße machen. Und weißt du, wer daran schuld sein wird?«

Herr Kossa drehte sich wieder zu Scharabajka: »Du! Niemand anderer als du kann mich vorzeitig ins Grab bringen. Aber ich lasse mich von niemandem einschüchtern und schon gar nicht unterkriegen!«

Drohend hielt Herr Kossa den Finger in die Höhe. Es schien, als genüge ihm das noch nicht ganz, um seine Stärke und Unabhängigkeit zu demonstrieren. Er drehte das Radio auf volle Lautstärke und wendete sich wieder zum Spiegel.

Scharabajka streckte ihren Hals aus und fischte sich eine Socke, die auf dem Fensterbrett zum Trocknen aufgebreitet war. Aber Herr Kossa, der nur seine Freiheit im Kopf hatte, ergriff wieder das Rasiermesser und begann in gebrochenem Englisch zu singen.

»Mona Lisa, Mona Lisa! You have a wonderful smile ...«

Die Stute rülpste und holte die zweite Socke vom Wäschetrockner herunter. Ihr Kopf war bis zur Hälfte im Badezimmer verschwunden. Ihr riesiges Hinterteil wies direkt auf die Straße. Ihr Schweif bewegte sich regelmäßig wie ein Uhrpendel.

An jenem Morgen fraß das Pferd Kossas noch ein Unterhemd und zwei Unterhosen. Herr Kossa aber hatte alles ringsum vergessen. Er sang und sang. Er sang noch, als ich bereits zur Schule lief, um nicht zu spät zu kommen. Seine gewaltige Stimme drang aus dem offenen Fenster weit über die Straße hin bis zum Lebensmittelladen, wo sich die Leute um Semmeln und Milch anstellten. Im Vorbeilaufen sah ich noch, wie die Leute dort beunruhigt um sich sahen und einander fragten, was das alles zu bedeuten hätte. Sie rätselten so lange, bis schließlich der Ladenbesitzer, Herr Wacek, herauskam und sie aufklärte, daß diese Stimme niemand anderem als Herrn Kossa gehörte. Herrn Kossa, der die Freiheit und die Frauen liebte und der als einziger in unserem Ort englische Radiowellen empfangen konnte.

3

Ich kann mich hingegen nicht erinnern, daß ich jemals Schuster Muschek singen gehört hätte. Er sang nicht einmal beim Rasieren, ja, er sprach eigentlich auch kaum etwas. Wenn er etwas zu sagen hatte, drückte er es in knappen Sätzen aus. Herr Muschek verbrachte seine Zeit in einer kleinen Kammer neben der Küche, wo er sich eine Werkstatt eingerichtet hatte. Weil er der einzige Schuster weit und breit war, bekam er so viele Bestellungen, daß er oft bis in den Abend hinein dort saß. Man hörte das Rattern der *Singer*, die schon über sechzig Jahre alt war, aber immer noch besser lief als die modernen polnischen Schuhnähmaschinen.

Die Werkstatt des Schusters Muschek sah wie ein Raum aus längst vergangenen Zeiten aus. An der Wand hingen alte Schuhleisten und ein gußeiserner Dreifuß. Überall roch es nach Budaprenn, einer Mischung aus Spitritus und Mehl, die verwendet wurde, um das Leder zusammenzuhalten. Die Werkstatt war so dunkel, daß man auch am Tag bei künstlichem Licht arbeiten mußte. Aber Muschek störte das alles nicht. Es machte ihm auch nichts aus, daß er nur ein Paar Schuhe am Tag fertignähen konnte und daß er sich die Augen dabei verdarb.

Das einzige, was ihn störte, waren die Zeitungsnachrichten, daß man in Kattowitz oder in Breslau wieder eine neue Schuhfabrik erbaut hatte. Eine Fabrik mit hellen Arbeitshallen, wo junge Arbeiterinnen im Akkord arbeiteten und tausend Paar Schuhe pro Tag erzeugten. Wo es statt nach Budaprenn nach chemischem Klebstoff roch, und wo der Fabriksdirektor zum Zeichen, daß die modernen Zeiten angebrochen waren, in seinem Büro hinter einem Glasregal den uralten Dreifuß, den Schuster Muschek noch verwendete, stehen hatte.

Wenn ich Muschek einen kaputten Absatz oder eine durchgescheuerte Sohle zur Reparatur brachte, dachte ich daran, wie einfach es wäre, aus seiner Werkstatt ein Museum zu machen. Man hätte nur mehr Lichtquellen anbringen müssen, damit die Besucher alles besser sehen könnten. Wahrscheinlich dachte Schuster Muschek auch so. Aber den neuen Zeiten zum Trotz machte er noch immer ganz auf die gleiche Art Schuhe, wie er es als Geselle in Posen bei *Wolski & Söhne* gelernt hatte. Offenbar hatte er mit seinen veralteten Absätzen und unpraktischen Ledersohlen den modernen Zeiten den Kampf angesagt und konnte es nicht erwarten, bis die modernen Zeiten samt den großen Schuhfabriken, wo junge Arbeiter ihr Bestes gaben, Pleite machen würden.

Und aus irgendeinem Grund machte der Fortschritt in der Tat einen Bogen um unsere Gegend. Wir wußten nur vom Hörensagen, daß in Warschau Aufmärsche organisiert und begeisternde Reden gehalten wurden. Man zeigte im Fernsehen Namen, die in dicken Lettern über den Schirm flackerten.

Es waren große Namen, die da draußen die Welt veränderten. Bei uns lösten sie Ratlosigkeit aus. Wir konnten uns darunter nichts vorstellen und schalteten gleich auf das andere Programm, in der Hoffnung, daß dort eine brasilianische Serie laufen würde.

Muscheks Haus stand am Ende einer langen Häuserreihe, die an unseren Wald grenzte. Dieser Wald, der sich bis nach Ratibor zog, weckte jeden Sommer in Schuster Muschek große Sorgen. Er erinnerte ihn daran, daß es auf der Welt nicht nur Fleiß und Ordnung, sondern auch Faulheit und Anarchie gab.

Wenn die Kirschen heranzureifen begannen, wuchs seine Angst, daß eines Morgens aus diesem Wald sein Bruder Franio auftauchen könnte. Franio Muschek hatte keine Ähnlichkeit mit seinem Bruder. Er war ein paar Jahre älter, spazierte aber immer noch in kurzen Hosen herum. Auf dem Kopf trug er bei jedem Wetter einen Strohhut. Er konnte weder lesen noch schreiben, wofür sich Schuster Muschek so schämte, wie es eigentlich Franio selbst tun hätte sollen.

In jenem Sommer trafen die Befürchtungen Muscheks ein. Eines Tages verbreitete sich die Nachricht, daß Franio Muschek nach zwanzig Jahren der Herumtreiberei zurückgekommen war, um seinem Bruder einen Besuch abzustatten.

Es geschah ausgerechnet an einem Morgen, an dem Herr Kossa sein Radio laut aufgedreht hatte. Schuster Muschek lag noch im Bett. Er wälzte sich von einer Seite auf die andere und drückte sich die Kissen gegen die Ohren. Doch die englischen Lieder Kossas fanden einen Weg und schlichen an den Kissen vorbei, so daß Muschek nichts anderes übrig blieb, als aufzustehen. Als Schuster Muschek auf dem Weg ins Badezimmer war, läutete es unerwartet an der Gartenpforte. Er drehte sich um und ging die Küche, wo Frau Muschek gerade das Frühstück bereitete. Schuster Muschek schob die Gardinen zur Seite und blickte hinaus. Er starrte eine Weile hinaus, bis er plötzlich die Gardine fallen ließ und einen Schritt zurückwich. An der Pforte stand niemand anderer als sein Bruder Franio. Er hatte wie immer seinen Strohhut auf und trug wie vor zwanzig Jahren kurze Hosen. An den Füßen hatte er vom Regen aufgesprungene Turnschuhe.

Muschek wich bis zum Küchenregal zurück und suchte irgendwo Halt.

»Nur das nicht ...«, stammelte er, »... Franio.«

Frau Muschek, die gerade Zwiebeln schnitt, schob die Gardinen mit dem Küchenmesser zur Seite.

»Uhmmm ..., so sieht also dein Bruder aus?« sagte sie, indem sie jedes Wort in die Länge zog, »... ich habe ihn mir irgendwie anders vorgestellt, ... älter.«

»Er hat sein Leben lang nichts gearbeitet«, erklärte Muschek und warf einen vorsichtigen Blick hinaus.

»... Er sieht doch aus wie Hindrek, dieser Nichtstuer, der vor einem Jahr unter den Zug gekommen ist«, jammerte er.

»Hindrek ist stockbetrunken aus dem Fenster seiner Wohnung gefallen«, widersprach Frau Muschek, ohne den Blick von Franio zu lösen.

»Er ist vierundfünfzig, aber er hat kurze Hosen an. Das ist schlimmer als betrunken aus dem eigenen Zimmer auf die Straße zu fallen.«

»Was hast du gegen kurze Hosen, Antoni? Es ist Sommer.«

Schuster Muschek sah seine Frau an und öffnete den Mund, um etwas zu sagen. Dann überlegte er es sich anders und kratzte sich stattdessen am Kopf.

»Was sollen wir jetzt tun? Er läutet noch immer«, fragte er. In der Tat hielt Franio, das schwarze Schaf der Familie, noch immer den Finger auf der Glocke. Doch statt zur Tür zu gehen, wich Muschek noch einen Schritt zurück.

»Steh nicht am Fenster. Wenn er dich sieht!« wies er seine Frau zurecht.

Frau Muschek sah ihren Mann ungläubig an.

»Wie? Du willst deinen Bruder nicht hereinlassen?! Den einzigen Bruder, den du auf der Welt hast?«

Muschek wurde unsicher.

»Wer behauptet das? Ich bin bloß nicht richtig angezogen. Er hat zwanzig Jahre gebraucht, um hierherzukommen. Auf ein paar Minuten kommt es nicht mehr an.« Aber Frau Muschek ließ nicht locker.

»Du schämst dich für ihn, nicht wahr? Du schämst dich, daß er nicht lesen kann. Es stimmt doch, daß er ein Analphabet ist, oder?«

»Vielleicht, vielleicht auch nicht. Woher soll ich das wissen?« verteidigte sich Muschek.

»Es stört dich auch, daß er kurze Hosen trägt.«

»Wenn wir ihn hereinlassen, dann bleibt er gleich ein Jahr. Er raucht wie ein Schlot und wird dir die ganze Küche verpesten.«

»Dann wird er eben auf der Toilette rauchen.«

»Was ...?!« rief Muschek entrüstet, »ich hör wohl nicht recht! Er ist noch nicht einmal da, und schon darf er auf der Toilette rauchen? Wenn ich mir eine Zigarette anstecken will, muß ich dazu in den Garten gehen, sogar im Winter!«

In diesem Augenblick verlor Franio die Geduld und gab ein kräftiges Lebenszeichen von sich. Das Ehepaar Muschek verstummte und blickte hinaus. Draußen stand Franio mit einer brennenden Zigarette in der Hand, die er sich während ihrer Unterhaltung angesteckt hatte, und rief laut: »Antoni! Antooni! Ich sehe dich ...! Du hast dich überhaupt nicht verändert ... Du hast noch immer diesen Pyjama an, auf dem die Kätzchen einem Schmetterling nachhüpfen ...!«

Frau Muschek drehte sich um und blickte auf den Pyjama ihres Gatten. Herr Muschek, der sich bislang für nichts auf der Welt, nicht einmal für seine Streitereien mit Kossa, geschämt hatte, lief jetzt rot an wie eine Tomate. Frau Muschek betrachtete ihren Gattten von oben bis unten.

»Was starrst du mich so an?« fragte Muschek mit zunehmender Unruhe, »du hast mir diesen Pyjama selbst gekauft.«

Frau Muschek biß sich auf die Lippen, um nicht zu lachen: »Aber du hast ihn dir ausgesucht, Antoni.«

»Ich wollte von Anfang an den mit den Autos.«

»Mit den Autos?« wiederholte Frau Muschek.

Herr Muschek begriff, daß er zuviel gesagt hatte und daß es, wenn er sich in den Augen seiner Frau nicht komplett lächerlich machen wollte, besser war, seinem Bruder die Tür zu öffnen.

Er drehte sich um und ging zum Küchenregal, wo alle Schlüssel an kleinen Nägeln aufgehängt waren. Er nahm den längsten und murmelte: »Ich werde jetzt lieber die Pforte aufsperren, bevor ihn noch jemand hört. Umziehen kann ich mich später ... Du ahnst gar nicht, was wir uns da aufhalsen.«

Frau Muschek nickte. Sie schob die Gardinen zur Seite und winkte Franio, zum Zeichen, daß sein Bruder schon auf dem Weg war, daß er sich schon beeilte.

Schuster Muschek strich sich die Haare zurecht und trottete ins Freie. Es war ein schöner, milder Morgen.

Als Schuster Muschek ganz nah an der Pforte war, versuchte er seinem Bruder zuzulächeln.

»Franio ...?!« stammelte er, »bist du es wirklich? ... Mein Gott – das kommt so unerwartet. Du siehst genauso aus wie vor zwanzig Jahren ... Ich hätte dich nicht so lange warten lassen, wenn nicht meine Frau wäre ... sie hat dich für jemand anderen gehalten. Mein Gott, ... du bist es wirklich ...«

4

Franio Muschek sah für sein Alter verblüffend jung aus. Sein braungebranntes Gesicht hatte keine Falten, und als er seinen Strohhut abnahm, kam ein Schopf ungekämmter pechschwarzer Haare zum Vorschein.

Er erinnerte an einen Schauspieler aus einer Krimiserie, die man bei uns sehr mochte. Dieser Schauspieler hatte in jeder Folge die Aufgabe, in ein Schwimmbekken zu springen, eine Länge zu schwimmen und am Ende ein schüchternes Lächeln zu präsentieren.

Das gleiche Lächeln zeigte Franio Muschek, wenn er das Wort ergriff. Bevor Franio zum Herumtreiber und schwarzen Schaf der Familie wurde, hatte er ein einziges Mal gearbeitet. Von dieser Arbeit berichtete er jedesmal ganz ausführlich. Dabei wurden aus den zwei Monaten, in denen er angestellt gewesen war, zwei Jahre, und aus den fünftausend Zloty, die er verdient hatte, fünfundfünfzigtausend.

Er war damals achtzehn und wurde Gärtner bei einem Notar in einem Warschauer Nobelbezirk. Dieser Notar besaß ein großes Haus mit einem riesigen Garten. Es gab soviel zu tun, daß Franio jeden Abend vor Müdigkeit umfiel. Im Sommer, als die Obstbäume heranreiften, kamen die Vögel aus der ganzen Gegend in den Garten und gingen dem Notar mit ihrem Gekreisch auf die Nerven. Einmal in der Woche holte der Notar aus dem Kleiderschrank ein Gewehr heraus, das er sich zu diesem Zweck gekauft hatte, öffnete leise das Fenster und feuerte auf jede Amsel und jeden Sperling, der ihm vors Visier kam.

Franio wartete unterdessen in einem Versteck, bis die Jagd vorbei war. Erst wenn der Notar ein Handzeichen gab, kam er wieder heraus. Er legte die abgeschossenen Vögel in einen großen Korb und suchte dann im Garten eine passende Stelle für ein kleines Grab.

Während Franio irgendwo ein Loch schaufelte, zog sich der Notar in sein Arbeitszimmer zurück, legte das Gewehr in den Kleiderschrank und schwor beim Namen seiner toten Mutter, daß er nie wieder etwas Derartiges tun würde. Er zog die Vorhänge in seinem Kabinett zu, setzte sich an den Schreibtisch, wo er üblicherweise Beglaubigungen und Kaufverträge verfaßte, und schrieb ein Gedicht. Wenn er fertig war, legte er das Gedicht zu den anderen – die er zu seinem fünfzigsten Geburtstag veröffentlichen wollte.

Eines Tages jedoch kam Franio seinem Dienstgeber zuvor. Er stand eine halbe Stunde früher als üblich auf und lief so lange mit einer Bohnenstange unter den Obstbäumen herum, bis er jeden Vogel aus dem Garten verscheucht hatte.

Von nun an steckte der Notar vergeblich sein Gewehr durch das Fenster, denn jedesmal, wenn er das tat, war kein Vogel da, der ihn geärgert hätte und den er abschießen hätte können. Nach einiger Zeit kam der Notar ins Grübeln und schöpfte schließlich einen Verdacht. Und in der Tat beobachtete er eines Morgens, wie Franio gerade eine sture Elster, die sich ausgerechnet vor seinem Fenster niedergelassen hatte, vertreiben wollte. Er wurde so wütend, daß er schnurstracks zum Kleiderschrank lief und das Gewehr auspackte. Er lehnte sich so weit aus dem Fenster, daß er beinahe herausgefallen wäre, und legte auf seinen Gärtner an. Aber Franio, der ständig in der dunklen Vorahnung lebte, selbst eines Tages wie eine Amsel abgeschossen zu werden, kam seinem Herrn zuvor, sprang mit einem Satz in den Nachbarsgarten und verschwand auf Nimmerwiedersehen.

Von nun an hegte Franio eine Abneigung gegen feste Anstellungen und beschloß, sich ein bißchen in der Welt umzusehen.

Er packte seinen Rucksack zusammen und verließ Warschau mit dem Zug, als blinder Passagier. Von da an reiste er im ganzen Land herum. Das Nichtstun hatte aus ihm das gemacht, was keine Arbeit vorher geschafft hatte – nämlich einen gutgebauten Mann. Sowohl Frau Muschek als auch Schuster Muschek kamen nicht aus dem Staunen heraus, als sie ihn sahen.

Franio saß am Tisch und aß ein Omelett, das ihm seine Schwägerin vorgesetzt hatte. Während Franio aß, lehnte Schuster Muschek am Küchenregal und ergriff ab und zu das Wort: »Du bekommst das Zimmer am Dachboden, ist dir das recht?«

»Uhmm ...«, erwiderte Franio und verschlang ein Stück Omelett.

»Ich geb dir einen von meinen Pyjamas, wenn du keinen hast.«

»Uhmmm ...«

»Das Bett ist bequem. Das letztemal hast du dort auch geschlafen.«

Franio verschlang das letzte Stück und schob den Teller von sich.

»Ich esse Omeletts für mein Leben gern.«

»Willst du noch eines?« fragte Frau Muschek. Franio blickte verunsichert auf seinen Bruder und nickte.

»In fünf Minuten ist es fertig«, freute sich Frau Muschek und machte Feuer unter der Bratpfanne.

Franio sah sich in der Küche um.

»Die Wände sind neu ausgemalt«, stellte er fest, »hast du das alleine gemacht, Antoni?«

»Ganz alleine. Niemand hat mir dabei geholfen.«

Franio lief rot an. Er beugte sich über seinen Rucksack und kramte dort etwas heraus.

»Ich habe dir ein Geschenk mitgebracht«, sagte er und reichte das Geschenk seinem Bruder. Schuster Muschek nahm es entgegen.

»Was ist das?«

»Eine Ansichtskarte«, erklärte Franio, »ich habe sie in Wien auf dem Gehsteig gefunden. Sie ist sogar beschrieben und hat eine Briefmarke.«

Schuster Muschek sah seinen Bruder zweifelnd an: »Du warst in Wien?«

»Vor drei Jahren. Ich war dort zwei Wochen lang und habe in einem Park mit einem Ententeich übernachtet.«

»Du hast doch überhaupt keinen Paß.«

»Das war so: Ich fuhr schwarz mit einem Zug nach Krakau. Aber dann schlief ich in meinem Versteck ein. Als ich aufwachte, war es schon taghell. Ich warf einen Blick hinaus und sah überall deutsche Aufschriften.

Da wußte ich, daß ich in Österreich war, und freute mich riesig, weil ich schon immer das Grab von Kaiser Franz Joseph sehen wollte.«

Schuster Muschek drehte die Ansichtskarte um.

»Was ist das?«

Franio blickte Muschek über die Schulter.

»Eine Kathedrale. Sie steht mitten im Zentrum. Sie heißt Stephansdom.« Franios Finger wanderte nach rechts, »... und das ist das Riesenrad und etwas weiter rechts das Schloß ...«

Schuster Muschek öffnete die Schublade im Küchentisch und warf die Karte hinein.

»Wien ist noch schöner als auf dieser Karte«, beteuerte Franio, »... schöner als Warschau, schöner als Krakau ..., die Straßen sind voller Menschen, die nichts anderes tun als herumspazieren und die Auslagen anschauen. Wenn ihnen langweilig wird, kaufen sie sich ein Eis und essen es ganz langsam. Die Leute scheinen es dort überhaupt nicht eilig zu haben, Antoni. Wahrscheinlich arbeiten sie gar nicht, denn die meisten sitzen in Kaffeehäusern oder fahren mit der Straßenbahn herum. Obwohl sie nicht arbeiten, hat dort jeder einen Titel. Man hört überall nur: ›Guten Tag, Herr Doktor ... Auf Wiedersehen Frau Doktor. Wie geht es, Herr Ingenieur? Danke es geht, Herr Hofrat.‹ Einmal hatte ich sogar im Kaufhaus eine Kassiererin, die Rosa Magister hieß ... so ein Glück muß man haben ...«

Franio rollte die Augen und schielte zum Herd, wo das Omelett gebraten wurde. »Ja ja ... das Leben wird gleich viel interessanter, und die Menschen sind viel besserer Laune als bei uns, weil sie nicht einfach Nowak oder Kilinski heißen ...«

Schuster Muschek stieß einen Seufzer aus und blickte zu seiner Frau, ob sie endlich begriffen hatte, worauf sie sich da eingelassen hatten, aber Frau Muschek hatte nur Ohren für Franio.

»Aber am schönsten sind in Wien die Banken, Antoni.«

»Du meinst die Bänke?« unterbrach Muschek.

»Nein, die Banken. Wo man das Geld aufbewahrt«, erklärte Franio. Muschek sandte einen verzweifelten Blick nach oben.

»Wie auch immer. Manche sind alt und sehen aus wie Museen, andere ganz modern. Am Geldschalter stehen hinter dickem Glas schöne Fräuleins mit rotlackierten Fingernägeln und goldenen Ringen an den Fingern. Die Herren tragen Anzüge und sind sehr freundlich. Sogar wenn ein Kunde unhöflich ist, lächeln und nicken sie abwechselnd. Diese Angestellten sehen aus, als hätten sie eine Menge kluge Bücher gelesen, und als wäre das Geld, das sich in ihrer Griffweite in schönen Banknoten in die Höhe stapelt, wertloses Papier, das sie nichts angeht. Ein gewöhnlicher Mensch würde bei diesem Anblick schnell unruhig werden, aber die Angestellten können den ganzen Tag daneben stehen, ohne auch nur einmal hinzusehen. Sie erzählen einander die Witze, die gerade in Wien die Runde machen.«

»Weißt du überhaupt, was die in Österreich für eine Währung haben?« bezweifelte Schuster Muschek.

»Und ob! Eines Tages habe ich sogar einen offenen Tresor aus der Nähe gesehen!«

»Was du nicht sagst.«

»Ich habe mir gerade eine Filiale im Zentrum angesehen. Plötzlich stürzt ein Mann in die Bank und schreit etwas. Die Filliale war so groß, daß ihn am Anfang niemand beachtet hat. Erst als er losbrüllte, verschaffte er sich allgemeine Aufmerksamkeit. Die Leute dachten, daß er den Verstand verloren hätte. Als er aber eine Pistole auf sie richtete, begriffen sie, daß er ganz normal war, daß er lediglich etwas von dem vielen Geld, das im Tresor herumlag, für sich abzweigen wollte. Die meisten Kunden wurden etwas blaß, aber die Angestellten bewahrten Haltung. Vielleicht deshalb, weil das Geld im Tresor nicht ihres war.

Der Räuber bahnt sich den Weg zum Tresor und fuchtelt dabei mit der Waffe herum. Auf mich achtet er überhaupt nicht, weil ich ein Ausländer bin. Ich nehme also in einem Ledersessel Platz, der ganz an der Wand steht, und beobachte, was passiert. Der Räuber verlangt nach dem Filialleiter, der den Tresorschlüssel hat. Ein stattlicher Mann mit einer goldenen Brille tritt hervor. In der Hand hält er einen winzigen Schlüssel. Damit wird der Tresor geöffnet. Er ist voll mit Geldbündeln. In der ganzen Bank wird es augenblicklich mucksmäuschenstill. Genauso wie bei uns in der Messe, wenn der Pfarrer sich nach dem ›Das ist dein Leib und das ist dein Blut Jesu Christi‹ verbeugt und die Augen schließt. Der Räuber holt einen schwarzen Plastiksack aus der Tasche und beginnt das Geld hineinzuwerfen. Und je mehr Geld vom Tresor in den Plastiksack wandert, desto stiller wird es im Raum. Es wird schließlich so still und feierlich, wie es nur sein kann, wenn es um etwas Ernstes geht, wenn jemand vor hunderten Zuschauern in drei Minuten von einem armen Schlucker zum reichen Mann wird.

Ich saß die ganze Zeit still in der Ecke, aber plötzlich bekam ich aber einen Heidenschrecken bei dem

Gedanken, daß der Bankräuber über mein Sitzen, das eigentlich respektlos war, wütend werden könnte. Ich wollte mich vorsichtig erheben und unauffällig den anderen anschließen, doch auf einmal konnte ich vor Angst weder Beine noch Arme bewegen. Ich begann leise zu fluchen, weil ich wußte, womit das endet.

Es ist immer dasselbe, Antoni. Wenn mir etwas einen richtigen Schrecken einjagt, werde ich plötzlich sehr müde und falle im nächsten Moment in Tiefschlaf. Als ich vor allen Leuten zu gähnen anfing, war es schon zu spät. Ich konnte mich nicht mehr halten. Ich sah nur noch die Lichter am Plafond und begann schon wie eine Lokomotive zu schnarchen.

Ich habe keine Ahnung, wie lange es gedauert hat. Auf jeden Fall schnarchte ich immer noch, als der Überfall längst zu Ende und die Polizei gekommen war. Alle dachten, ich hätte einen Herzanfall erlitten. Man rief sogar einen Krankenwagen. Der Arzt gab mir Riechsalz, und erst dann kam ich langsam wieder zu mir. Der Arzt sah ganz so wie der Kellner Janek aus meiner Lieblingskneipe in Warschau aus. Ich war so benommen, daß ich ihn nach dem Aufwachen fragte: ›Na altes Schlitzohr, was gibt's heute zu essen?‹ So wurde ich für gesund erklärt und ging meiner Wege. Am nächsten Tag stand in der Zeitung, daß ich Nerven aus Stahl hätte.«

Franio kramte eine Weile in seinem Rucksack, wobei seine Unterwäsche und drei Paar kurze Hosen, die in Zeitungen eingewickelt waren, zum Vorschein kamen.

»Es gab sogar dort ein Photo von mir ...«, murmelte er, »... ich könnte schwören, daß ich es mitgenommen habe ...« Schuster Muschek machte den Hals lang und blickte über Franios Schulter.

»Wozu schleppst du diese Zeitungen mit?« staunte er.

»Zum Lesen«, Franio stieß einen Seufzer aus. »Ich glaube, ich habe es auf dem Weg hierher verloren.«

»Aber du kannst doch gar nicht lesen!«

»Ich kann schon seit meinem achten Lebensjahr lesen«, entgegnete Franio und schaute zerstreut zum Herd, wo Frau Muschek das Omelett aus der Bratpfanne auf einen Teller legte. Sie öffnete ein Glas Himbeerkonfitüre und bestrich das Omelett. Franio beobachtete abwechselnd die Himbeerkonfitüre und das Omelett. Frau Muschek schraubte das Konfitüreglas wieder zu und stellte es zurück ins Regal.

Sie nahm den Teller und trug ihn zum Küchentisch. Sie stellte ihn vor Franio.

»Hier ist dein Essen«, sagte sie und setzte sich ihrem Schwager gegenüber. Schuster Muschek betrachtete abwechselnd seinen Bruder und seine Frau mit einem dünnen Lächeln.

»Und zu Mittag gibt es Hühnersuppe. Magst du Hühnersuppe?« fragte Frau Muschek.

»Das ist mein Lieblingsessen«, gestand Franio und schnitt ein großes Stück vom Omelett ab.

Frau Muschek verstummte und sah neugierig ihrem Schwager beim Essen zu. Erst als Franio das Omelett zu Ende gegessen hatte, nahm sie all ihren Mut zusammen und fragte leise: »Franio ..., du brauchst nicht gleich zu antworten. Aber ..., aber: Stimmt es, daß es in Wien Frauen gibt, die sich an den Füßen die Nägel lackieren?«

5

Nach drei Wochen hatte Franio schon überall Bekannte. Jeden Morgen ging er für Frau Muschek zum Laden um die Ecke einkaufen. Da er nicht lesen konnte, zeichnete ihm Frau Muschek auf einen Zettel alles, was gekauft werden mußte. Brauchte sie Semmeln, zeichnete sie eine kleine Semmel auf das Blatt, wollte sie Tee, zeichnete sie eine rechteckige Teedose, von der Art, wie es sie nur bei uns im Laden gab. Franio reihte sich in die Schlange vor dem Laden ein und unterhielt sich mit allen, die er kannte. Er erzählte von seiner Herumtreiberei, davon, wie er durch den reichen Notar zum schwarzen Schaf der Familie geworden war, und auch Wien vergaß er nicht. Die Leute langweilten sich nie, denn Franio erzählte die gleiche Geschichte jedesmal anders. Manchmal ließ er etwas weg, manchmal schmückte er derart aus, daß eine völlig neue Geschichte entstand. Am Ende griff er jedesmal in die Tasche, um das Photo zu zeigen, das ihn schlafend in der Bank nach dem Überfall zeigte, doch stattdessen zog er ein Taschentuch oder die Einkaufsliste Frau Muscheks heraus.

Die Leute bogen sich vor Lachen und klopften ihm auf die Schulter, zum Zeichen, daß sie ihm auch so glaubten.

Aber für Franio war das erst der Anfang. Er holte aus der anderen Tasche eine jener Zeitungen heraus, die er aus seiner Zeit der Herumtreiberei mitgebracht hatte, und hielt sie in die Höhe.

»Mein Bruder sagt, ich wäre ein Analphabet!« rief Franio laut, damit ihn auch die Leute am Ende der Schlange hören konnten.

»Aber was haben wir denn da ...?« Er schwenkte die Zeitung und sah triumphierend um sich. Einige Leute hielten sich die Hand vor den Mund, um nicht loszulachen.

»Na, was ist das?« drängte Franio, »eine Gurke vielleicht ...?«

»Nein!« rief die ganze Warteschlange im Chor, bis auf jenen Teil, der schon im Laden war.

»Ein Regenschirm ...?«

»Nein!« rief die Warteschlange noch lauter.

»Also ... was ist das?« fragte Franio und betrachtete seine Zeitung.

»Eine Illustrierte ...!« riefen die Leute zurück, weil sie dieses Spielchen schon seit zwei Wochen spielten und wußten, was sie antworten sollten.

»Falsch!« brüllte Franio und tat so, als ob er sich schrecklich ärgern würde. »Könnt ihr eine Tageszeitung von einer Illustrierten nicht unterscheiden? In welchen Zeiten leben wir denn eigentlich? Nichts da! Ich werde nichts vorlesen.«

»Seien Sie uns nicht böse, Herr Franio. Lesen Sie uns etwas vor. Dieses eine Mal noch«, baten die Leute und zwinkerten sich mit den Augen zu.

»Ich bin doch ein Analphabet. Wie kann ich da etwas vorlesen?« verteidigte sich Franio.

»Vergeben Sie Ihrem Bruder. Was weiß er schon davon? Lesen Sie uns einen Artikel vor ...«, flehten sie ihn an und amüsierten sich so gut wie noch nie zuvor. Alle fühlten sich wie Schauspieler, die es nicht erwarten konnten, ihre Rolle zu Ende zu spielen.

Franio schlug die Zeitung auf und blätterte darin. Er suchte nach einem Artikel, den er vorlesen konnte.

»Hier auf Seite fünf gibt es einen kurzen Artikel, den ich unter Umständen vorlesen kann«, verkündete er.

Die Leute verstummten. Manche waren so aufgeregt, daß sie den Nachbarn mit dem Ellbogen anstießen. Franio begann zu lesen: »Gestern in Lublin wurde ein fünfundfünfzigjähriger Straßenbahnfahrer verhaftet. Er hatte in den Abendstunden eine Straßenbahngarnitur der Linie 16 entführt ...«

»Herr Franio, Sie halten die Zeitung verkehrt ...«, rief jemand dazwischen. Franio drehte die Zeitung um und las weiter: »Er fuhr eine Stunde lang in der ganzen Stadt herum, ohne auf die Bitten der eingeschlossenen Passagiere zu achten. Erst als man sich entschloß, das gesamte Stromnetz der Stadt auszuschalten, konnte man die entführte Straßenbahn stoppen.«

Franio blätterte auf die nächste Seite, als wäre es ein Buch: »Nach einstündigen Verhandlungen mit dem unzurechnungsfähigen Straßenbahnfahrer konnte die Polizei die verschreckten Passagiere freibekommen. Währenddessen war der gesamte öffentliche Verkehr in Lublin zum Stillstand gekommen. Am späten Abend wurde der Entführer selbst zum Verlassen der Straßenbahn überredet. Als Motiv für seine Handlung gab er an, daß er einmal nach Feierabend mit seiner Straßenbahn, die er über alles liebte, nach Hause fahren wollte.«

Die Leute brachen in schallendes Gelächter aus, und Franio triumphierte: »Ein schönes Früchtchen, was? Ein Glück, daß er kein Flugkapitän war.«

Die Leute brüllten vor Lachen. Sogar Herr Wacek, der Ladenbesitzer, kam heraus, um nachzusehen, was draußen vor sich ging.

»Lesen Sie noch einen ... lesen Sie noch etwas, Herr Franio ...«, riefen die Leute durcheinander und wischten sich die Tränen aus den Augen. Franio wurde wieder ernst und blätterte in seiner Zeitung. Auf der vorletzten Seite macht er halt und verkündete: »Es geht um eine Flugzeugkatastrophe. Geht das ...?«

»Eine Flugzeugkatastrophe ...«, wiederholten alle, als hätten sie noch nie etwas Komischeres gehört.

Franio blickte um sich, bis es ganz ruhig in der Warteschlange wurde. Herr Wacek, der Ladenbesitzer, lehnte auch in der Tür, um abzuwarten, was folgen würde. Franio fing zu lesen an: »Letzten Montag kam es auf dem Flug der Passagiermaschine Krakau-Berlin zu einem ernsten Zwischenfall, bei dem zwei Personen ums Leben kamen ...«

»Aber die Zeitung ist doch schon drei Jahre alt«, rief wieder jemand dazwischen.

Franio überhörte das und las weiter: »Aus bisher ungeklärter Ursache öffnete sich eine Viertelstunde nach dem Start die Tür zum Notausstieg. Bevor die Besatzung reagieren konnte, wurden zwei Passagiere, die in unmittelbarer Nähe saßen, ins Freie gesogen ...«

Die Leute brachen in schallendes Gelächter aus.

»Es handelte sich um einen reichen Geschäftsmann und einen Schuhmacher aus Warschau, der sein Leben lang für diese Reise gespart hatte. Sobald die beiden Männer begriffen, was mit ihnen geschehen war, fingen sie miteinander zu reden an. Im Flugzeug waren sie einander nicht allzu sympathisch gewesen, aber nun wurden sie sehr gesprächig. Sie fielen im gleichen Abstand voneinander, wie sie zuvor im Flugzeug gesessen hatten, und konnten sich, wenn sie laut genug brüllten, recht gut verständigen. Sie standen derart unter Schock, daß sie so taten, als wären sie immer noch im Flugzeug. Der Geschäftsmann erzählte von seiner Familie und seinem Dobermann und zeigte dem Schuhmacher ein Foto von seiner Villa. Als ihm der Wind das Foto aus der Hand riß, war der Schuhmacher dran und erzählte von seinem Haus, das mit schwarzer Teerpappe gedeckt war.

Nach fünf Minuten kam der Boden in Sichtweite, und die beiden Herren verstummten. Da sie während des Mittagessens aus dem Flugzeug geschleudert worden waren, hielt jeder von ihnen noch ein Weinfläschchen in der Hand. Sie stießen an und tranken aus. Als sie die Fläschchen wegwarfen, flogen sie nach oben statt nach unten. Die beiden Männer sahen einander an. Jedem standen die Haare zu Berge, und sie ruderten gleichzeitig mit den Armen. Sie fanden plötzlich, daß sie einander verblüffend ähnlich sahen, und wunderten sich, warum ihnen das nicht im Flugzeug schon aufgefallen war. Als sie ihre Familiennamen austauschten, stellten sie fest, daß sie den gleichen Namen trugen. Es war nicht zu fassen! Die beiden waren Brüder, die sich seit ihrer Kindheit aus den Augen verloren hatten!

Sie umarmten einander vor Freude und schworen, nach der Landung den Rest ihres Lebens gemeinsam zu verbringen. Plötzlich sahen sie einen See. Sie blickten einander betroffen an und fielen wenige Augenblicke später ins Wasser. Seitdem hat man sie nie mehr wieder gesehen ...«, schloß Franio hochzufrieden und faltete die Zeitung zusammen.

»Sie waren Brüder!« riefen die Leute amüsiert, »... sie haben noch unterwegs eine Flasche Wein ausgetrunken ... dann kam der See ...«, redeten sie durcheinander. »Und man hat sie bis heute nicht gefunden«, ergänzte

Franio. Herr Wacek, der Ladenbesitzer, der das alles zum erstenmal gesehen hatte und nicht wußte, daß alle eine Komödie spielten, wurde vor Freude ganz rot im Gesicht.

Er trat zur Seite und wandte sich an Franio: »Bitte treten Sie ein, Herr Frantischek, bitte ..., ich habe noch nie einen so spannenden Artikel gehört ... ich möchte, daß Sie bei mir einkaufen, ohne warten zu müssen ... Sie haben gewiß nicht viel Zeit und überhaupt ...«

Franio betrachtete Herrn Wacek verwundert und sah sich um, was die Leute dazu sagten. Aber die Leute in der Warteschlange sagten gar nichts, sie unterdrückten bloß ihr Gelächter, weil sie ahnten, was gleich passieren würde.

»Kommen Sie herein ... kommen Sie ...«, lockte Herr Wacek. Franio steckte seine Zeitung in die Hosentasche, zum Zeichen, daß er an diesem Tag nichts mehr vorlesen würde, und folgte Herrn Wacek.

»Also, was wünschen Sie?« fragte Herr Wacek, als er hinter dem Ladentisch stand. Draußen drängten sich die Leute an den Fenstern, um alles genau zu sehen. Franio legte seine Einkaufsliste auf den Ladentisch.

»Acht Semmeln, eine Dose Tee und ein Kilo Tomaten«, zählte er auf. »Lesen Sie doch selbst«, er reichte dem Ladenbesitzer die Einkaufsliste. Herr Wacek starrte die Einkaufsliste an, auf der die Zeichnungen von Frau Muschek zu sehen waren.

»Also noch einmal«, sagte Franio, »... acht Semmeln, eine Dose Tee und ein Kilo Tomaten. Oder können Sie genausowenig lesen wie ich, Herr Wacek?« setzte Franio bekümmert hinzu. »Kommt sofort ...«, stammelte Herr Wacek verwirrt, und den Leuten vor dem Laden kamen zum drittenmal an jenem Morgen die Lachtränen.

Am Abend bekam Franio eine Strafpredigt. Schuster Muschek ging von einer Küchenecke in die andere und machte seinem Bruder Vorwürfe. Franio saß mit gesenktem Kopf beim Tisch und hörte zu.

»Du machst uns alle lächerlich!« beschwerte sich Schuster Muschek, »kaum bist du da, schon zeigen alle mit dem Finger auf dich.«

»Ich bin schon seit drei Wochen da«, antwortete Franio leise.

Schuster Muschek blieb stehen und sah seinen Bruder an: »Du kannst nicht lesen, verstehst du?«

Franio nickte.

Frau Muschek trug das Essen herein und stellte es auf den Tisch. »Heute gibt es Topfenpalatschinken«, verkündete sie, »magst du das, Franio?«

Franio blickte auf den Teller. Beim Anblick des Essens schien er alles, was Schuster Muschek gesagt hatte, vergessen zu haben.

»Das ist doch mein Lieblingsessen!« freute er sich.

Schuster Muschek stieß einen Seufzer aus: »Ab morgen hilfst du mir im Garten. Gegen dieses Zeitungslesen ist Arbeit das beste Mittel.«

»Uhmm ...«, stimmte Franio mit vollem Mund zu.

Aber noch am selben Abend hörte Schuster Muschek, wie Franio, der nicht lesen konnte und das Lesen niemals lernen würde, in seinem Zimmer laut die Geschichte von den beiden verschollenen Brüdern, die aus dem Flugzeug gefallen waren, vorlas.

6

In jenem Sommer, in dem Franio bei Schuster Muschek aufgetaucht war, hatten ungewöhnlich viele Vögel ihre Nester am Waldrand gebaut. Es war rätselhaft, woher sie gekommen waren. Es gab unter ihnen Stare, Drosseln, Amseln und Sperlinge. Sie alle bildeten eine riesige Vogelschar, die am frühen Morgen ausschwärmte, um Nahrung zu suchen. Ihr Weg führte dabei meistens zu unseren Gärten, wo Sonnenblumen und süße Birnen heranreiften.

Da der Garten Muscheks dem Wald am nächsten lag, kamen sie scharenweise zu ihm. Schuster Muschek mußte eine Vogelscheuche bauen, wenn er nicht wollte, daß die Vögel in seinem Garten alles kahlfraßen.

Für eine Vogelscheuche brauchte man zwei Tage. Schuster Muschek nähte sie aus einem alten Kissen und einem russischen Militärmantel auf seiner *Singer*. Franio half ihm dabei. Er saß daneben auf der Bank, mit einer aufgeschlagenen Zeitung, und las etwas vor. Obwohl Muschek nach wie vor nicht viel von den Artikeln seines Bruders hielt, fand er doch bald an einigen von ihnen Gefallen. Franio mußte sie ihm zweimal täglich vorlesen.

Einmal in der Früh, wenn Muschek den Zwirn in das Nadelöhr fädeln mußte, und einmal gegen Mittag, wenn er die ganze Arbeit hinschmeißen wollte.

Ein Artikel gefiel Schuster Muschek ganz besonders. Er handelte von einer alten Kräuterheilerin, die ausgerechnet an ihrem siebzigsten Geburstag unter einen Mähdrescher gekommen war.

Sie hatte ein Nickerchen in einem Weizenfeld gehalten, wo sie ihre Kräuter zu sammeln pflegte, als der Mähdrescher kam und sie blitzschnell hineinsog. Sie kam am anderen Ende der Maschine in Form eines Strohwürfels heraus.

Es war schwer zu sagen, warum ausgerechnet diese Geschichte Muschek gefiel, aber jedesmal, wenn Franio zu der Stelle kam, wo die Kräuterheilerin einschlief, brach Muschek, genauso wie die Leute vor dem Laden, in derartiges Gelächter aus, daß ihm die Tränen kamen. Franio, der seinen Bruder noch nie so lachen gesehen hatte, fing in der Nase zu bohren an und schmückte die Geschichte noch mehr aus: »... die Alte schlief nicht nur fest – sie war auch auf dem linken Ohr taub ...«, las er, »... der Mähdrescher kam aber nun mal von links. Der Fahrer aß gerade ein Butterbrot und achtete nicht darauf, was vor ihm war. Auf einmal hörte er ein ungewohntes Rattern im Inneren der Maschine. Er dachte, das Getriebe hätte einen Ast erfaßt. Als er aber dann am anderen Ende einen Strohwürfel mit einer wehenden Schürze herauskommen sah, fiel ihm das Butterbrot aus der Hand, und er wurde ganz blaß ...«

»Gestern kam der Mähdrescher von rechts«, wandte Muschek ein, ohne von seiner Arbeit aufzusehen. »Von links, von rechts ... wo ist da der Unterschied? Es war zu spät – das Unglück war geschehen«, verteidigte sich Franio, »das Begräbnis war eine große Trauerfeier. Jeder kannte die Alte. Außerdem hatte sie früher ganz große Fische aus der Politik von Magengeschwüren geheilt. Ein paar von ihnen kamen sogar zum Begräbnis. Der Rechnungshofpräsident, der früher eine Gastritis gehabt hatte, hielt an ihrem Sarg eine einstündige Rede. Am Ende zog er aus seinem Sakko ein Taschentuch hervor, das er angeblich von ihr in seiner Jugend bekommen hatte. Er hielt es in die Höhe, damit es alle sehen konnten, und las laut den Spruch vor, den die Tote eigenhändig daraufgestickt hatte. Dort stand: ›Geh in den Wald, und du wirst hundert Jahre alt.‹ Die Begräbnisgäste brachen natürlich in Gelächter aus. Aber so ist das manchmal bei großen Ereignissen«, schloß Franio und faltete seine Zeitung zusammen.

Schuster Muschek beugte sich über seine Nähmaschine und arbeitete weiter. Nach zwei Tagen war die Vogelscheuche fertig. Schuster Muschek brachte sie hinter dem Haus an, damit sie die Vögel von seinen Obstbäumen fernhielt.

Doch die Vögel in diesem Sommer waren ganz sonderbar. Innerhalb von zwei Tagen fanden sie heraus, daß von Muscheks Vogelscheuche keine nennenswerte Gefahr ausging, und kamen am Morgen in großer Schar angeflogen. Irgendeine geheime Kraft schien sie ausgerechnet in seinen Garten zu ziehen. Schuster Muschek war verzweifelt. Er traute den Augen nicht, als er sie regelmäßig um die gleiche Stunde auf seinen Garten zusteuern sah.

»Wo kommen bloß die vielen Vögel her? Sind die Obstbäume bei Kossa etwa schlechter als die meinen?« Er schüttelte den Kopf und blickte ratlos um sich. Manchmal fiel dabei sein Blick auf seinen Bruder, aber Franio zuckte nur mit den Achseln und ging ins Haus. Überhaupt benahm sich Franio seit dem Auftauchen der Vogelplage eigenartig. Er schloß sich jeden Tag auf seinem Zimmer ein. Das Haus verließ er nur abends. Franio war strengstens darauf bedacht, nicht aufzufallen, und ging der Vogelschar, so gut er konnte, aus dem Weg.

Doch eines Tages setzte sich Franio versehentlich an einem Nachmittag in den Garten. Er war derart in Gedanken versunken, daß ihm erst nach einigen Minuten die ungewöhnliche Stille auffiel, die seit seinem Eintreten im Garten herrschte. Wo waren die Vögel, die um diese Zeit in den Bäumen saßen? Während Franio hin- und herüberlegte, erhob sich plötzlich ein unglaubliches Gekreische in den Ästen. Aus allen Richtungen kamen Sperlinge, Stare und Amseln auf ihn zugeflogen. Franio erstarrte, denn ausnahmlos alle setzten vor seinen Füßen auf und bildeten einen großen Kreis. Sie schienen vor ihm keine Angst zu haben. Einige von den älteren Vögeln kamen so nah heran, daß er sie mit der Hand hätte fassen können.

Franio kratzte sich am Kopf. »Was glotzt ihr so? Ich werde euch keinen Bissen geben! Mein Bruder hat ausgerechnet, daß ihr täglich drei Kilo Birnen auffreßt. Habt ihr nichts Besseres zu tun, als euch den ganzen Tag den Bauch vollzuschlagen?«

Die Vögel betrachteten Franio mit einer Art Neugier. Franio erkannte, daß seine Worte nicht viel Beachtung fanden. Auf einmal geschah etwas Seltsames. Franio sah sich verstohlen um, als ob er Angst hätte, von jemandem gesehen zu werden.

»Schert euch weg! Zum Teufel mit euch!« flüsterte er, »wißt ihr, was mir blüht, wenn mich noch jemand so sieht?! Und wie habt ihr mich hier überhaupt gefunden?«

Als das nichts half, begann er ihnen zu drohen: »Wenn ihr euch nicht gleich davonmacht, rufe ich meinen Bruder. Er wartet nur darauf, euch in die Finger zu kriegen.«

Die Vögel sahen Franio an, als hätten sie seine Drohungen nicht zum erstenmal gehört. »Von mir aus«, sagte Franio, »ich habe euch gewarnt.« Er drehte sich in

Richtung Haus und brüllte: »Antoni! Antooni! ... Wo steckst du denn?!«

Der Kopf Muscheks erschien im offenen Fenster. Der Schuster sah in die Richtung, aus der die Stimme seines Bruders kam.

»Hier! Hier bin ich!« rief Franio und winkte mit der Hand. »Ich habe euch gewarnt«, flüsterte er den Vögeln zu. »Sieh nur, was passiert ist, Antoni«, rief Franio, und zeigte auf die Vogelschar zu seinen Füßen.

Schuster Muschek öffnete vor Verblüffung den Mund. Er streckte den Kopf so weit aus dem Fenster, daß er beinahe hinausfiel.

»Was machen diese Viecher hier?!« regte er sich auf, »hast du ihnen etwas zu fressen gegeben?!«

»Nein. Gar nichts!«

»Verscheuch sie! Sonst hole ich auf der Stelle einen Besen!«

Franio begann mit den Armen zu fuchteln. Dabei brüllte er, so laut er konnte, »schert euch weg! So ein Ungeziefer! Weg mit euch!«

Die Vögel bewegten sich nicht um einen Zentimeter. Frano drehte sich zu Muschek und breitete die Hände aus. »Siehst du? Nichts zu machen. Sie haben keine Angst vor mir.«

Schuster Muschek starrte abwechselnd auf die Vögel und auf seinen Bruder. »Die sitzen da wie angenagelt. Warum fliegen die nicht weg?! Das ist doch nicht normal.«

»Das ist nicht normal«, bestätigte Franio mit einer Stimme, die verriet, daß ihm das Problem nicht neu war.

»Vielleicht sollte man sie mit irgendeinem Vertilgungsmittel ködern?« erwog Schuster Muschek.

Franio schüttelte den Kopf.

»Ich glaube nicht. Das würde nicht viel nützen.«

»Woher weißt du, daß es nichts nützen würde?« fragte Muschek, der alles immer weniger verstand. Franio steckte die Hände in die Taschen. Dann nahm er sie wieder heraus.

Er sah seinen Bruder an und sagte: »Sie sind meinetwegen hier.«

»Deinetwegen?!« Muschek lächelte ungläubig.

»Ja. Sie folgen mir überall hin. Egal, wo ich bin – sie finden mich immer. Diesmal hat es auch nur ein paar Wochen gedauert, bis sie mich gefunden haben. Sie werden mich jetzt nicht mehr aus den Augen lassen. Sie sind stur. Sogar wenn ich auf die Toilette gehe, fliegen die mir nach.«

»Hast du sie dressiert, oder was?«

»Ich habe ihnen das Leben gerettet. Es war damals bei diesem Notar, der mit der Flinte auf sie geschossen hat. Seither folgen sie mir, und ich kann nichts dagegen tun.«

»Aber das war vor dreißig Jahren!« rief Muschek, »so lange lebt doch kein Vogel.«

»Und ob! Ein Vogel lebt so lange wie ein Mensch.« Franio zeigte mit dem Finger auf zwei Sperlinge, die sich auf seinem Schuh niedergelassen hatten.

»Ich kann sie alle auseinanderhalten. Ich kenne jeden ganz genau. Es sind immer noch dieselben wie damals. Nur in der Zwischenzeit haben sie Nachwuchs bekommen, deshalb sind es jetzt so viele. Die Kleinen benehmen sich inzwischen so wie die Alten. Sie halten mich für ihren Onkel, oder weiß Gott was.«

»Für einen Onkel? Soso.«

»Du glaubst mir nicht, wie? Ich werde es dir gleich beweisen.«

Franio erhob sich von der Bank und ging ein paar Schritte. Er ging bis zur Pforte, machte eine Runde um das Haus und kehrte dann zur Bank zurück. Die Vögel flogen sofort hinter ihm her. Als er sich wieder auf die Bank setzte, landeten sie vor seinen Füßen.

»Siehst du?« sagte Franio, mit einem leichten Anflug von Stolz. »Ab heute werden sie mich nicht mehr aus den Augen lassen.«

»Und sie werden auch nichts fressen?« fragte Muschek.

»Woher soll ich das wissen?«

Schuster Muschek überlegte. Dann sagte er: »Du darfst niemanden davon erzählen, Franio. Nicht einmal meiner Frau. Sonst würde in zwei Tagen die ganze Gegend darüber reden. Außerdem braucht niemand zu wissen, daß du mit Vögeln ...«, er machte eine ungeschickte Geste, »... befreundet bist.«

»Wer ist hier mit wem befreundet!« regte sich Franio auf, »ich habe diese Viecher satt!«

»Laß mich in Ruhe. Ich habe Kopfschmerzen«, Schuster Muschek griff sich an den Kopf, um seine Schmerzen glaubhaft zu machen, »und du hast mir diese Schmarotzer an den Hals gehetzt! Sie haben mir den halben Garten aufgefressen und aus einer der besten Vogelscheuchen, die ich je gemacht habe, eine Lachnummer gemacht. Das ist alles deine Schuld. Jetzt mußt du diese Suppe auslöffeln.«

»Was soll ich tun?« fragte Franio beunruhigt.

»Du wirst arbeiten.«

»Arbeiten?!«

»Ja. Du wirst auf sie aufpassen.«

»Ich passe nicht auf sie auf. Sie passen auf mich auf!«

Muschek winkte ab: »Und wo ist da der Unterschied? Solange du auf dieser Bank sitzt, werden die Vögel meine Obstbäume in Ruhe lassen. Verstehst du?«

»Uhmm ...«

»Ich kaufe dir auch einen Stapel Zeitungen, damit du dich nicht langweilst, Franio.«

»Vielen Dank.«

»Ab morgen werden wir damit beginnen«, sagte Muschek. Zehn Minuten später kam er mit einer Klempnerzange aus dem Haus und demontierte seine Vogelscheuche. Er winkte Franio, zum Zeichen, daß er von nichts mehr hören wolle, daß er über den Mißerfolg seiner Vogelscheuche tief betrübt sei und daß Franio von nun an zur Strafe selbst eine Vogelscheuche sein würde. Dann verschwand er, mit der alten Vogelscheuche unter dem Arm.

Franio blickte er auf die riesige Vogelschar, die zu seinen Füßen saß, und murmelte: »Ich könnte jeden von euch einzeln erwürgen.«

7

Die Nachricht von Franios unerklärlichem Einfluß auf Vögel verbreitete sich wie ein Lauffeuer. Die Leute kamen von weitem, um zu sehen, wie er auf der Bank saß, umgeben von Tausenden Vögeln.

Es sah derart seltsam aus, daß den Leuten vor Verwunderung der Mund offen blieb. Sie schüttelten den Kopf. Wenn sie sich sattgesehen hatten, riefen sie über den Zaun, Franio solle ihnen das erklären. Aber Franio legte die Hand an das Ohr, zum Zeichen, daß die Leute lauter sprechen sollten, daß er durch das Vogelgekreisch kein Wort verstand. Wenn die Leute zu schreien begannen, hörte es Schuster Muschek und stürzte mit einem halbfertigen Schuh in der Hand aus dem Haus. Er lief schnurstracks zum Zaun und schimpfte los: »Schert euch zum Teufel! Ist das ein Zirkus, oder was?!«

Die Leute wichen ein paar Schritte zurück. Nur die Kinder, die mit ihren Eltern mitgekommen waren, drängten sich vor und fragten: »Aber was macht Franio dort, Herr Muschek?«

Muschek beugte sich vor, um zwischen den Zaunlatten den frechen Frager auszuspähen, und antwortete: »Siehst du das nicht, du Nichtsnutz?«

»Nein.«

»Er arbeitet.«

Die ganze Menge brach in schallendes Gelächter aus. Muschek holte mit dem Schuh aus, und die Leute zerstreuten sich so schnell, wie sie gekommen waren.

Wenn Schuster Muschek nicht zu Hause war, kümmerte sich seine Frau um Franio. Sie holte einen Besen aus der Kammer und drosch damit über den Zaun auf die Leute ein. Aber Frau Muschek wurde nicht sehr ernstgenommen. Die Leute sprangen lachend zur Seite, und derjenige, den sie traf, lachte am lautesten.

Einmal erwischte sie den Briefträger Motill, der versehentlich zu nah am Zaun stehengeblieben war, am Kopf. Briefträger Motill fiel auf der Stelle wie tot um. Aus seiner großen Briefträgertasche fielen Hunderte von0 schneeweißen Briefumschlägen zu Boden. Frau Muschek bekam einen Heidenschrecken, weil sie glaubte, daß sie den einzigen Briefträger, den es bei uns gab, umgebracht hatte. Aber Herr Motill öffnete gleich wieder die Augen, kam schwankend auf die Beine und begann der überraschten Frau Muschek Komplimente zu machen. »Bravissimo, Madame! Bravissimo! Ich habe es nicht anders verdient ... Ich wünschte, meine Frau wäre wie Sie!« säuselte er und klaubte auf allen vieren die Briefe vom Boden auf.

Dennoch blieb nicht alles beim alten. Seit Franio zu arbeiten begonnen hatte, änderte sich die Einstellung Frau Muscheks ihrem Schwager gegenüber. Statt ihn zu loben, daß er endlich seinem Bruder Antoni ähnelte, begann sie an ihm herumzumäkeln. Es gefiel ihr plötzlich nicht, wie Franio beim Essen das Besteck hielt, daß er in der Badewanne sang, oder daß seine Turnschuhe über Nacht an den Schnürsenkeln aus dem Fenster hingen. Was immer Franio auch tat und wie sehr er sich anstrengte, ihr keinen Kummer zu bereiten, es gelang ihm nicht, seine Schwägerin zu besänftigen.

Eines Tages saßen sie beide alleine in der Küche. Obwohl es noch Sommer war, der August ging gerade zu Ende, wurden die Abende immer kürzer. Die Sonne fiel schräg durch das Fenster auf den Tisch, an dem sie saßen. Schuster Muschek war bei einem Kunden, um Maß für neue Schuhe zu nehmen. Frau Muschek und Franio tranken Kirschensaft aus einer Karaffe. Im ganzen Raum roch es nach gebratenem Huhn, das es zu Mittag gegeben hatte. Frau Muschek saß auf ihrem Stuhl und schaute zum Fenster. Niemand sprach ein Wort.

Obwohl Frau Muschek nichts sagte und ihren Schwager nicht einmal eines Blickes würdigte, wußte Franio, daß er wieder etwas falsch gemacht, etwas verbrochen hatte. Er fühlte, daß der Blick seiner Schwägerin in Wirklichkeit auf ihn gerichtet war. Und je mehr sie von ihm wegsah, desto mehr fühlte er sich schuldig, ohne zu wissen, worin seine Schuld eigentlich bestehen sollte. Schließlich hielt er es nicht mehr aus und unterbrach das Schweigen.

»Hast du das Huhn selber geschlachtet?« fragte er.

»Nein«, sagte Frau Muschek ohne sich zu bewegen.

»Soll ich etwas erzählen?« bot er sich an.

»Nein, danke.«

»Ich kann etwas vorlesen ... ich hole schnell eine Zeitung von oben.«

»Bleib sitzen.«

Frau Muschek sah Franio mit einem Blick an, der einem gezogenen Revolver ähnelte. Ihre Augen wanderten vorwurfsvoll über Franios Gesicht, seinen Hals, das Hemd und sogar seine Hose. Er vergaß alles, was er noch sagen wollen hatte.

»Wie kommt es, daß du es zu nichts gebracht hast, Franio?« fragte Frau Muschek, »andere Leute haben eine Arbeit, ein Einkommen. Sie haben eine Wohnung und Kinder ... und was hast du? Einen Stapel alter Zeitungen und einen Rucksack. Wie kann man daran etwas finden? Ich versteh das einfach nicht.«

»Ich habe noch eine paar Hosen und Tennisschuhe.«

»Mach dich nicht lustig darüber. Du siehst zwar nicht so aus, aber du bist über fünfzig. In deinem Alter gehen die Leute in Pension und ruhen sich im Garten aus.«

»Ich ruhe mich auch aus und sitze den ganzen Tag im Garten.«

»Das ist etwas anderes. Du bist nicht in Pension.«

»Wenn aber jemand vorbeikommt, der mich nicht kennt? Wie kann er dann unterscheiden, ob ich in Pension bin oder nicht?«

»Hier kennt dich jeder. Jeder, der vorbei geht, denkt sich: ›Das ist der verrückte Franio.‹ Glaubst du, ich weiß nicht, wie die Leute über dich reden?«

»Die Leute mögen mich.«

»Nur weil du ein Gast bist. Wenn du ein Jahr lang dableibst, wirst du sehen, was sie in Wirklichkeit von dir halten.«

»Ich werde in paar Wochen gehen. Im Herbst.«

Frau Muschek griff sich an die Stirn, als fühle sie sich nicht wohl.

»Reden wir nicht mehr darüber.«

»Was ist?« fragte Franio beunruhigt, »soll ich ein Pulver holen?«

»Nein, bleib sitzen. Wann warst du eigentlich das letztemal beim Friseur, Franio?«

Franio tastete nach seiner Frisur.

»Ich weiß nicht ... so in etwa vor einem halben Jahr vielleicht ...«

Frau Muschek schenkte ihrem Schwager ein süßsaures Lächeln: »Lange her, findest du nicht?«

»Uhmm ...«

»In einer Stunde kommt Antoni nach Hause. Ich habe dann zu tun. Aber jetzt könnte ich eine Schere holen und und es dir schneiden? Was hältst du davon?«

»Ich weiß nicht. Meinst du?« Franio knetete sein Haar mit den Fingern.

Frau Muschek stand energisch auf und räumte das Geschirr vom Tisch. »Wer weiß, wann du wieder einmal dazu Gelegenheit hast!« sagte sie und verschwand im Badezimmer. Franio hatte das Gefühl, daß seine Schwägerin eine Absage schlecht aufnehmen würde. Er hatte ihr ohnehin so viel unerklärlichen Kummer bereitet, daß er sich nun hütete, zu widersprechen. Er hörte, wie seine Schwägerin sich im Badezimmer die Hände wusch, eine Schublade öffnete und gleich darauf wieder schloß. Einen Augenblick später erschien sie in der Küche, mit einer Schere und einem Handtuch in der Hand.

Sie wies auf den Stuhl, wo er saß. »Stell ihn etwas weiter weg, damit die Haare nicht auf den Tisch fallen«, bat sie, »noch weiter ... ja ... so, noch ein Stück.«

Franio führte ihre Bitten wie ein Soldat aus. Frau Muschek band ihm das Handtuch um den Hals.

»Starr mich nicht so an«, sagte sie, »es wird nicht lange dauern.«

Franio nickte, und bevor er reagieren konnte, fiel schon die erste Haarlocke auf den Boden.

»Früher habe ich Antoni immer das Haar geschnitten«, plauderte Frau Muschek, »immer am Sonntag, gleich nach dem Frühstück. Wenn wir fertig waren, hat Antoni seinen besten Anzug aus dem Schrank geholt und wir sind spazieren gegangen. Manchmal waren wir auch in der Messe, um uns die Predigt des Pfarrers anzuhören. In Wirklichkeit aber wollte Antoni bloß den Pfarrer ärgern. Wir haben uns in die erste Reihe gesetzt. Antoni hat seinen Hut abgenommen und seine neue Frisur präsentiert. Das ist dem Pfarrer auf die Nerven gegangen, weil der eine Glatze hatte. Er hat mit den Zähnen geknirscht, daß man es bis in die letzten Reihen hören konnte.«

Frau Muschek stieß einen Seufzer aus: »Na ja .... jetzt hat Antoni selber eine Glatze ...«

»Wie hast du Antoni eigentlich kennengelernt?« fragte Franio.

»Das war vor über zwanzig Jahren. Ich habe damals auf der Chmielna in einem Süßwarenladen gearbeitet. Heute haben sie daraus eine Putzerei gemacht. Immer, wenn ich am Abend nach Ladenschluß nach Hause gekommen bin, haben meine Kleider nach Schokolade gerochen. Die Leute haben sich sogar nach mir umgedreht, wenn ich an ihnen vorbeigegangen bin. Eines Tages hat mich Antoni ins Kino eingeladen. Er hat nebenan in einer Schusterwerkstatt gearbeitet. Wir sind direkt nach der Arbeit ins Kino gegangen. Nach einer Viertelstunde hat es im ganzen Saal nach Schokolade gerochen. Die Leute schauten in unsere Richtung und lächelten. Plötzlich begriff Antoni, daß es mir lag, und er sah mich an, wie mich noch nie ein Mann angesehen hatte«, Frau Muschek kicherte, »... an den Film kann ich mich überhaupt nicht mehr erinnern.«

»Jaja«, bestätigte Franio, »Antoni war schon als Kind auf Süßigkeiten versessen.«

Frau Muschek beugte sich vor. Franios Nase kam mit ihrer Bluse in unmittelbaren Kontakt.

»Riechst du noch etwas?« In ihrer Stimme lag neben einem scherzhaften Ton eine sonderbare Neugier.

»Nach zwanzig Jahren?« staunte Franio.

»Wieso nicht?« Frau Muschek beugte sich ein wenig weiter vor. Franios Nase landete zwischen den beiden Hügeln, die sich unter ihrer Bluse wölbten.

»Ich rieche nur das Huhn vom Mittagessen«, gestand Franio, aber um seine Schwägerin nicht zu verletzen, fügte er hinzu: »dafür höre ich das Herz deutlich schlagen. Eigenartig ... es schlägt wie ein Hammer.«

Frau Muschek wurde rot im Gesicht.

»Es liegt daran, daß ich eine Arhythmie habe, Franio. Das ist eine ernste Krankheit.«

»Dann solltest du vielleicht einmal zum Arzt gehen?« Franio versuchte sich vorsichtig aus der unbequemen Lage zu befreien.

»Zum Arzt?!« rief Frau Muschek, »was verstehen schon die Ärzte von einer kranken Frau? Zähl doch einmal, wie oft es schlägt, Franio.«

»Das Herz?«

»Was denn sonst?«

Franio atmete tief durch und begann zu zählen.

»Eins, zwei, drei ...«

»Nicht so schnell, langsamer ...«

»vier ... fünf ... sechs ...«

»Du kannst gar nicht zählen, Franio«, neckte sie ihn.

Franio fühlte, daß er langsam ins Schwitzen kam.

»Und ob! Ich kann bis tausend zählen.«

»Dann zähl bis tausend.«

»Nein, du hast recht. Ich kann wirklich nicht bis tausend zählen.«

»Vorhin hast du gesagt, daß du uns im Herbst verlassen wirst. Warum willst du nicht hier bleiben?«

»Weil ich nicht will.«

»Und wenn Antoni etwas dagegen hat? Er braucht dich im Garten. Du wirst auf die Vögel aufpassen.«

»Ich gehe trotzdem. Die Vögel gehen mit mir.«

»Franio?« sagte Frau Muschek, »Franio! Sieh mich an.« Franio hob den Kopf. Seine Augen begegneten denen Frau Muscheks. Er hatte gleich Lust, den Kopf wieder zu senken, aber Frau Muschek preßte ihren Oberkörper an seinen Hals und schnitt ihm den Rückweg ab. Sein Kinn befand sich auf einmal zwischen dem mächtigen Busen seiner Schwägerin, die offenbar die außergewöhnliche Gabe besaß, diesen als Schraubstock einzusetzen. Franio wurde etwas flau im Magen. Die Situation schien in eine Richtung zu steuern, von der er nur eine entfernte Vorstellung hatte.

»Ich habe auch ein Wort mitzureden. Schließlich bin ich die Frau deines Bruders.«

Sie streckte die Hand aus und streichelte seine Wange. Franio schielte auf die Hand seiner Schwägerin wie auf eine giftige Schlange.

»Sitz nicht so steif da«, jammerte sie, »wenn du bleiben würdest, könnte ich dir regelmäßig die Haare schneiden. Mit langen Haaren siehst du wie eine Frau aus.«

Die Vorstellung, daß seine Schwägerin ihm regelmäßig die Haare schneiden würde, versetzte Franio plötzlich einen Heidenschrecken. Er empfand ihre Berührung zwar nicht als unangenehm, aber die Tatsache, daß er bewegungsunfähig gemacht worden war, verhieß nichts Gutes. Auch die beiden Hügel unter seinem Kinn schienen ihre mühsam erreichte Stellung nicht so bald aufgeben zu wollen.

Franios Schrecken wuchs von Minute zu Minute. Er versuchte sich zu befreien, aber vergeblich; er bekam noch weniger Luft als vorher. Aber gerade, als seine Angst den Gipfel erreichte, überkam ihn eine sonderbare Müdigkeit. Es war die gleiche Müdigkeit, die ihn schon in

Wien während des Banküberfalls vor dem Schlimmsten bewahrt hatte. Er konnte kaum noch die Augen offenhalten. Es gelang ihm, leicht zu lächeln.

»Na siehst du!« freute sich Frau Muschek, »und ich dachte schon, du hättest Angst vor mir.«

»Ich und Angst ...«, murmelte Franio.

»Ganz recht, Franio. Was für ein Unsinn, sich vor einer Frau zu fürchten! Frauen sind nicht fähig, Böses zu tun. Das Böse auf der Welt kommt einzig und allein von den Männern. Wenn man mit einer Frau richtig umzugehen versteht, ist es ein Paradies für einen Mann. Sie wird ihm jeden Wunsch von den Lippen ablesen.«

Frau Muschek wunderte sich selbst, welche klugen Worte über ihre Lippen kamen. Sie sprach zur Küchenwand, wo sie ein großes Publikum zu sehen glaubte.

»Es beginnt schon damit, daß Frauen niemals Krieg führen. Sie würden auch niemanden kaltblütig ermorden. Gewalt ist ihnen so fremd wie das Autofahren. Eine Frau ist hilfsbereit und kann Opfer bringen. Dafür wird sie bloß belächelt. Das ist der ganze Dank ...«

In diesem Augenblick schlossen sich Franios Augen. Sein Kopf sank gegen den Busen seiner Schwägerin.

Frau Muschek fuhr darauf mit noch größerem Eifer fort: »Natürlich haben auch Frauen Fehler. Sie wollen es sich im Leben zu schnell bequem machen. Dadurch geraten sie oft an die falschen Personen. Wir glauben, wenn ein Mann uns etwas verspricht, dann hält er es auch. Man braucht Jahre, um dahinter zu kommen, daß das nicht stimmt. Vielleicht geben wir uns zu schnell mit dem Durchschnitt zufrieden? Aber ist das wirklich ein Fehler, Franio? Eine Frau will eben glücklich sein. Was sollte man ihr in diesem Fall raten?«

Frau Muschek blickte auf Franio herab, »... was würdest du einer Frau raten?«

Franio antwortete nicht. Er atmete regelmäßig. Sein Gesicht war ausdruckslos. Frau Muschek verstummte. Sie beugte sich über ihren Schwager und horchte. Als Franio kein Lebenszeichen von sich gab, wurde sie etwas unruhig. »Franio? Franio! Ist dir nicht wohl?« rief sie, »Franio! Antworte! ... Großer Gott – ich habe ihn erwürgt!«

Doch in diesem Augenblick ertönte ein lautes Schnarchen und führte Frau Muschek klar vor Augen, daß Franio einfach eingeschlafen war. Sie fing an, ihm die Wangen zu tätscheln.

»Wach auf!« rief sie entrüstet, »wach auf der Stelle auf!«

Aber im Augenblick gab es nichts, was ihn aufwecken können hätte. Entweder wußte es Frau Muschek nicht, oder sie wollte es einfach nicht wahrhaben, denn sie ergriff energisch seinen Kopf und begann ihn hin und her zu schütteln. Es sah so aus, als wollte sie ihrem Schwager den Kopf abreißen. »Du wolltest dich doch unterhalten, oder?« rief sie empört.

»Du hast mir überhaupt nicht zugehört!« rief sie, »du hast dich überhaupt nicht dafür interessiert, was ich gesagt habe. Noch nie hat mich jemand so erniedrigt wie du! Du hast aus mir einen ...«, sie blickte wild um sich, »... einen Idioten gemacht.«

Dann wurde Frau Muschek etwas ruhiger. Sie schien begriffen zu haben, daß alle Mühe umsonst war. »Wie kann man überhaupt beim Haareschneiden einschlafen?« jammerte sie, »hättest du nicht wenigstens bis zum Schluß warten können?« Zur Antwort gab Franio ein lautes Schnarchen von sich. Das brachte das Faß zum Überlaufen. Frau Muschek ergriff die Schere und stürzte sich auf Franios schönes Haar. Von Zeit zu Zeit trat sie einen Schritt zurück und betrachtete zufrieden ihr Werk. Franios Schnarchen, das in regelmäßigen Abständen erfolgte, schien seiner Schwägerin ungewöhnliche Energien zu verleihen. Zehn Minuten später war sie fertig. Sie legte die Schere aus der Hand und weidete sich an dem Anblick, der sich ihr bot – denn statt einem modischen Formschnitt, den Franio bekommen sollen hätte, hatte er nun eine Glatze. Frau Muschek drehte den Kopf mal nach links, mal nach rechts, und bei jedemmal sah sie zufriedener aus. Als sie sich sattgesehen hatte, ging sie ins Badezimmer. Sie verstaute die Schere in der Schublade. Das Handtuch kam in die Schmutzwäsche.

Sie stellte sich vor den Spiegel und betrachtete sich darin. »Du hättest es nicht tun sollen«, sagte sie. Aber dann gewann die andere Hälfte die Oberhand und antwortete, »Das wird ihm eine Lehre sein.«

Franio schlief eine halbe Stunde lang. Er wurde erst wach, als sein Bruder heimkehrte. Was die Bemühungen seiner Schwägerin nicht zustande brachten, erreichte das Geräusch des Schlüssels, mit dem Schuster Muschek das Schloß aufsperrte. Als Muschek die Küche betrat, kam Franio gerade zu sich, und wußte noch nichts von seinem Unglück.

Frau Muschek kochte das Abendessen. Franio schien für sie überhaupt nicht mehr zu existieren. Schuster Muschek stieß beinahe mit seinem Bruder zusammen.

»Warum sitzt er mitten in der Küche?« fragte er

und betrachtete Franio genauer. Sein Blick fiel auf Franios Kopf.

»Was ist denn mit seinen Haaren passiert?« wunderte sich Muschek.

»Keine Ahnung«, Frau Muschek zuckte mit den Schultern. Franio schaute zu seinem Bruder empor und fuhr sich mit der Hand über den Kopf.

»Wo sind meine Haare?« flüsterte er.

»Was siehst du mich an!« wehrte sich Muschek.

Franios Blick wanderte zur Frau Muschek. »Wo sind meine Haare?« wiederholte er. Seine Stimme zitterte.

Frau Muschek drehte sich langsam um und schenkte Franio einen langen, vielsagenden Blick.

»Im Mistkübel.«

Schuster Muschek sah abwechselnd von seiner Frau zu seinem Bruder. Er spürte, daß er etwas sagen mußte, um nicht gleich loszulachen.

Er klopfte seinem Bruder auf die Schulter.

»Es hätte viel schlimmer kommen können, Franio.«

Muschek öffnete die Schublade im Küchentisch und kramte unter den Rauhlederflecken und Zwirnspulen einen kleinen Spiegel hervor: »Hier, Franio. Immer, wenn du in diesen Spiegel blickst, wirst du an deine Schwägerin denken.«

»Sehr witzig.« Frau Muschek betrachtete ihren Mann mit einem dünnen Lächeln.

Franio nahm mit zitternden Händen den Spiegel entgegen und hielt ihn sich vors Gesicht.

»Eigentlich gar nicht mal so übel«, lobte Muschek, »irgendwie erinnerst du mich an Rudolpho Valentino.«

Muschek wandte sich an seine Frau, weil er von ihr auch eine Bestätigung hören wollte: »Nicht wahr, mein Schatz? Hast du übrigens nicht immer behauptet, daß ich dich an Gregory Peck erinnere?«

Frau Muschek schlug die Hände zusammen und sandte einen Blick zum Himmel.

»Ich Glückliche! Gregory Peck und Rudolpho Valentino unter einem Dach!«

Muschek tat erstaunt.

»Was ist denn heute in deine Schwägerin gefahren, Franio?«

Aber Franio war in einem Zustand des Schocks. Er starrte in den Spiegel.

»Und? Wie gefällt dir dein neuer Haarschnitt?« fragte Muschek seinen Bruder.

»Ich weiß nicht ...«, murmelte Franio, der wenigstens die Sprache wiedergewonnen hatte.

»In zwei Monaten bist du wieder der alte.« Muschek nahm seinem Bruder behutsam den Spiegel aus der Hand.

»Du kannst dich nachher noch stundenlang betrachten, Franio. Jetzt gibt es gleich das Abendessen.«

Franio sah seinen Bruder unschlüssig an.

»Antoni?« fragte er leise.

»Ja?«

»Wer war eigentlich dieser Rudolpho Valentino?«

Schuster Muschek überlegte eine Weile lang. »Laß dir das am besten von deiner Schwägerin erklären«, lächelte er.

8

Im Herbst begann sich alles zu verändern. Zuallererst das Wetter. Es begann zu regnen. Die Obstbäume im Garten verloren langsam die Blätter. Man konnte vom Haus aus auf die Straße durchsehen. Die Gebäude schienen voneinander weggerückt zu sein. Die ganze Ortschaft wurde größer. Sogar der Laden an der Ecke schien weiter weg zu sein. Die Menschen gingen nun in langen Mänteln einkaufen und sahen feierlicher und nachdenklicher aus.

Die allergrößte Veränderung ging jedoch mit Franio vor. Seit der Herbst gekommen war, verzichtete er auf seine üblichen Spaziergänge. Den Lebensmittelladen an der Ecke besuchte er überhaupt nicht mehr. Aus irgendeinem Grund begann er alle Leute zu meiden. Die meiste Zeit verbrachte er im Garten. Er verließ ihn nur, wenn er etwas aus dem Haus brauchte. Seit einiger Zeit legte er auch einen sonderbaren Trotz an den Tag, den man an ihm bislang nicht gekannt hatte. Es zeigte sich darin, daß er alles anders als üblich machte. Wenn draußen schönes Wetter war, verkroch er sich auf seinem Zimmer und blieb dort stundenlang sitzen.

Wenn es aber zu regnen anfing, saß er auf der Bank im Garten. Es störte ihn weder, daß seine Kleider völlig durchnäßt waren, noch, daß die Zeitungen, die daneben lagen, sich langsam auflösten und unlesbar wurden. Niemand konnte Franios Benehmen verstehen. Die Leute gingen am Zaun vorbei und schüttelten den Kopf, aber keiner redete mit ihm. Nur die Vögel blieben ihm treu. Sie folgten ihm immer noch auf Schritt und Tritt.

Saß er im Regen, bildeten sie einen Kreis um ihn herum und warteten. War er oben auf seinem Zimmer, setzten sie sich auf das Fensterbrett. Franio sah nicht mehr so gut aus wie früher. Er war blaß und bekam Schüttelfrostanfälle. Aber auch die Vögel waren in der Zwischenzeit sichtlich abgemagert. Manche von ihnen hatten ihre Schwanzfedern eingebüßt.

Wenn Franio draußen im Regen saß, kam Frau Muschek mit einem Regenschirm und redete ihn an.

»Geh ins Haus«, bat sie ihn.

»Der Regen geht gleich vorüber«, lächelte Franio. Er zeigte auf die dunkelsten Wolken und meinte: »Dort hellt es schon auf.«

Frau Muschek schüttelte den Kopf und hielt den Regenschirm über ihn. Aber sobald Franio den Regen nicht mehr spürte, sprang auf und setzte sich auf das andere Ende der Bank.

»Wenn du so weiter machst, holst du dir eine Lungenentzündung.«

»Dann hole ich mir eine.«

»Daran kann man sterben.«

»Dann sterbe ich daran.«

Der Trotz in seiner Stimme wuchs von Tag zu Tag. Schließlich begann das Ehepaar Muschek über den Grund seines Besuches zu rätseln. Noch vor einiger Zeit waren sie sich einig gewesen, daß Franio Schuster Muschek aus Heimweh einen Besuch abgestattet hatte, aber jetzt waren sie sich dessen nicht mehr so sicher. Die Wahrheit ließ nicht lange auf sich warten.

Der September kam, und es wurde bitterkalt. Franio hatte mittlerweile sein Verhalten geändert, denn er verließ seit einigen Tagen das Zimmer nicht mehr. Es war schwer zu sagen, was er dort tat. Vielleicht lag er nur im Bett und starrte die Wände an? Vielleicht brütete er aber auch etwas aus, das er in Kürze in die Tat umsetzen wollte? Am Abend, als die Muscheks schon im Bett lagen, hörten sie aus Franios Zimmer ein merkwürdiges Geräusch. Es hörte sich an, als würde Franio etwas Schweres über den Boden schleifen. Was immer es war, es mußte über hundert Kilo wiegen. So ging es zwei Wochen lang. Eines Tages verlor Muschek schließlich die Geduld und stellte seinen Bruder zur Rede.

»Was ist mit dir los, Franio? Warum gehst du nicht mehr aus? Die Leute erkundigen sich schon nach dir«, fragte er, nachdem er Franios Zimmer betreten hatte.

»Sie langweilen sich. Das ist alles.«

»Im Gegenteil – sie mögen dich. Sie machen sich Sorgen. Genauso wie ich und deine Schwägerin.«

Franio lächelte nur. Schuster Muschek gefiel dieses Lächeln nicht.

»Nicht mehr lange.«

»Was soll denn das heißen, nicht mehr lange?«

»Das heißt, daß ich euch verlassen muß.«

»Du willst wieder von hier weggehen? Hast du dir die Mühe gemacht, den ganzen Weg hierher zu kommen, nur um zwei Monate bei uns zu bleiben?«

»Ja.«

Muschek schüttelte den Kopf.

»Das verstehe ich nicht.«

»Ich habe niemals vorgehabt, hier zu bleiben ... Ich bin vorbeigekommen, um mich von dir zu verabschieden.«

»Von mir zu verabschieden? Warum willst du dich von mir verabschieden?«

Franio zögerte.

»Nicht nur von dir, Antoni. Ich wollte ein letztesmal

dieses Haus sehen. Die Gegend. Ich bin hier aufgewachsen. Hier ist unsere Mutter gestorben. Erinnerst du dich?«

»Natürlich ... Wovon redest du eigentlich? Und was heißt hier, zum letztenmal die Gegend sehen?«

Franio ging zum Schrank und holte seinen Rucksack heraus. Der Rucksack war vollgestopft und so schwer, daß er auf dem Boden schleifte. Schuster Muschek fiel gleich das Schleifgeräusch ein, das er jeden Abend gehört hatte.

»Aha. Du hast sogar schon gepackt?«

Franio schleppte den Rucksack bis vor das Fenster, wo es hell war, und öffnete ihn.

»Die ganze Woche habe ich dafür gebraucht.« In Franios Stimme schwang Stolz mit.

Muschek trat näher und warf einen Blick hinein.

»Aber der ist ja voll mit Steinen!« rief er verblüfft.

»Ich habe alles geplant, Antoni.«

»Was hast du geplant?« Franio senkte die Augen zu Boden. Dann sagte er leise: »Meinen Selbstmord.«

»Deinen Selbstmord?!«

»Ich habe beschlossen, mich in dem Teich in der Nähe der Bahnstation zu ertränken, Antoni«, gestand Franio, »einmal habe ich es in einem See bei Ratibor versucht. Aber ich konnte nicht untergehen. Ich tauchte immer wieder auf. Dann bin ich ans Ufer gekrochen und war so wütend wie noch nie in meinem Leben. Als ich am Ufer saß und den Blick über die Gegend rollen ließ, begriff ich, daß es nicht bloß am fehlenden Ballast lag, sondern auch am falschen Ort. Ich begriff, daß man dort Selbstmord begehen sollte, wo man aufgewachsen ist. Ich machte mich also auf den Weg und kam zu euch. Ich habe schon zwei Monate Zeit vertrödelt.«

»Du nennst den Besuch bei mir Zeitvertrödeln?«

»Sei nicht böse, Antoni. Morgen geh ich endlich hin, häng mir den Rucksack um und geh gleich auf den Grund.«

»Und du hast es tatsächlich schon einmal bei Ratibor versucht?« Muschek glaubte seinen Ohren nicht.

»Ja. Die haben dort einen wunderschönen Friedhof.«

»Aber warum denn?«

Franio antwortete nicht gleich. Er schaute zu Boden.

»Vielleicht, weil ich neugierig bin?«

Muschek sah seinen Bruder entgeistert an: »Wie kann ein Mensch auf den Tod neugierig sein?!«

Franio zuckte mit den Achseln.

»Manchmal habe ich einen Traum, Antoni. Eigentlich ist es kein richtiger Traum. Denn ich bin schon wach, ich schlafe bloß mit offenen Augen weiter. Ich sehe mich dann an unserem Teich spazieren gehen und bleibe schließlich am Ufer stehen. Niemand ist da. Ich hole tief Luft und tauche ein. Das Wasser schließt sich über meinem Kopf wie eine Glaskuppel. Alles geschieht wie in Zeitlupe – niemals hatte ich mehr Zeit als in diesem Augenblick. Es ist so still, daß ich meine eigene Stimme höre, obwohl ich den Mund gar nicht aufmache. Ich komme mir vor wie dieser junge Sperling, der einmal in den Honigtopf hineingefallen und ertrunken ist, erinnerst du dich? Auch ich gehe langsam auf Grund. Aber in meinem Traum erreiche ich ihn nicht – dabei bin ich so neugierig, was dort wohl sein mag.«

»Franio? Das ist doch alles ein Scherz, nicht wahr? Genauso, wie es ein Scherz mit den Artikeln war?«

Franio überhörte die Frage.

»Was mich stört, sind die Vögel«, beklagte er sich, »sie könnten mich mit ihrem Geschrei verraten. Stell dir vor, es kommt jemand vorbei und hört es. Er wird gleich aufmerksam, und es wird nichts aus meinem Selbstmord.«

»Bist du wirklich hergekommen, um es zu tun?« fragte Muschek, »hast du deswegen zwei lange Monate gewartet, um dich in diesem Teich zu ertränken? Oder wolltest du dir bloß den Sommer nicht entgehen lassen?«

Franio sah seinem Bruder in die Augen.

»Sieh mich nur an, Antoni. Wer bin ich schon? Ein kleiner Idiot, nichts weiter«, sagte er, »wie oft habe ich schon die Leute so über mich reden gehört. Sie wissen, daß ich nur lüge und erfinde. Mein Leben lang habe ich nur gelogen! Glaubst du, ich war jemals in Wien!? Jetzt möchte ich beweisen, daß ich in Wirklichkeit immer die Wahrheit sagen wollte, daß es mir aus irgendeinem sonderbaren Grund nur nie gelingt.«

»Falls du es tust, werden die Leute dich wirklich einen Idioten nennen.«

»Ich tue es, Antoni«, drohte Franio.

»Du tust es nicht. Du wirst es dir im letzten Augenblick anders überlegen. Du wirst etwas Unvorhergesehenes tun, aber umbringen wirst du dich nicht.«

Franio öffnete den Mund, um etwas zu sagen, aber sein Bruder war noch nicht fertig.

»Und schon gar nicht in diesem Teich«, setzte Muschek verärgert hinzu.

»Ich werde mich aber umbringen.« In Franios Stimme tauchte der alte Trotz auf, der Schuster Muschek beunruhigte. Er begriff, daß Franio aus diesem Trotz seine Kraft schöpfte. Im Augenblick war es am besten, auf Franios Spiel einzugehen. Muschek erhob sich und ging langsam zur Tür. Unterwegs stolperte er über den Rucksack.

»Glaubst du nicht, daß er etwas zu schwer ist? Es sind fast vier Kilometer bis zum Teich. Willst du dieses Gewicht den ganzen Weg mitschleppen?«

»Ich bin kräftig genug.«

Das stimmte – Franio hatte die Figur eines Athleten.

»Es gibt also nichts, was dich davon abhalten könnte?«

»Nichts.«

»Ich verstehe. Dann werde ich jetzt schlafen gehen, wenn du nichts dagegen hast.« Muschek öffnete die Tür und blieb noch ein letztesmal stehen.

»Ich hoffe, du hältst dein Versprechen und verabschiedest dich von mir und deiner Schwägerin, bevor du Selbstmord begehst.«

»Natürlich. Dazu bin ich schließlich hergekommen«, sagte Franio, nicht ohne Verwunderung, daß sein Bruder alles so selbstverständlich hinnahm.

»Eines noch, Bruder. Falls du morgen Selbstmord begehst, wird dein Haar niemals nachwachsen, und du wirst immer eine Glatze haben. Gute Nacht, Franio.«

Franio preßte die Lippen aufeinander, sagte aber kein Wort. Muschek wandte sich um und verließ das Zimmer. Franio blieb mit sich selbst und seinem hundert Kilo schweren Rucksack allein zurück. Doch gegen Mitternacht stieg Muschek ganz leise die Treppe hinauf. Er horchte vor Franios Tür. Franio schlief. Sein Schnarchen war sogar durch die Tür zu hören. Schuster Muschek holte aus der Tasche einen Schlüssel und drehte ihn im Türschloß zweimal um. Franio war auf seinem Zimmer eingeschlossen.

»Ich glaube nicht, daß du überhaupt zum Selbstmord fähig wärst«, murmelte Muschek und stieg leise wieder die Treppe herunter, »aber sicher ist sicher«, setzte er hinzu.

9

Franio hat sein Wort nicht gehalten. Er unterließ es, sich von seinem Bruder und seiner Schwägerin zu verabschieden. Er stieg am frühen Morgen, als die beiden noch schliefen, aus dem Fenster und machte sich auf den Weg zum Teich.

Als Schuster Muschek das leere Zimmer Franios betrat, waren schon zwei Stunden verstrichen. Franio war kaum mehr einzuholen, denn bis zum Teich brauchte man zu Fuß eine Stunde. Muschek begriff, daß nur noch ein Wunder Franio retten konnte. Und siehe da! Das Wunder geschah. Schuster Muschek ging zu seinem Erzfeind Kossa und bat ihn um Hilfe.

Herr Kossa war über den Besuch Muscheks derartig verblüfft, daß er kein Wort herausbrachte. Muschek berichtete über Franios verrückten Plan, und Kossa, der Franio sehr mochte, spannte auf der Stelle Scharabajka ein. Eine Viertelstunde später saßen Kossa und Muschek auf dem Bock und fuhren Richtung Teich.

Der See war vier Kilometer entfernt. Die ganze Fahrt dauerte eine halbe Stunde. Als die beiden in den Wald einbogen, hielt es Kossa nicht mehr aus und unterbrach das Schweigen: »Wußten Sie überhaupt, daß ein

Pferd wie Scharabajka sogar zwanzig Leute ziehen kann? In Deutschland gibt es Pferde, die so stark wie Traktoren sind. Man veranstaltet dort Wettbewerbe, die man *Pferd gegen Maschine* nennt. Die Maschine gewinnt fast immer, aber einmal hat ein Pferd eines Fleischhauers aus Aachen gewonnen. Die Traktorfabrik hat es ihm um tausend Mark abgekauft.«

Schuster Muschek betrachtete Scharabajka. Sie war nicht gerade schnell.

»Würden Sie Ihre Stute verkaufen?« fragte er.

»Die würde keiner wollen. Dafür ist sie zu alt. Wenn ich könnte, würde ich sie am liebsten gegen einen Traktor eintauschen.«

»Einen Traktor? Hängen Sie denn nicht an ihr?«

»Wer sagt, daß ich an einem Traktor nicht hängen würde? Eine Maschine hat nur Vorteile – sie frißt nicht, sie muß nicht schlafen.«

»Sie braucht Benzin.«

»Hafer ist auch nicht gerade billig.«

»Eine Maschine kann auch einmal versagen.«

»Nicht, wenn man genug Ersatzteile hat.«

Muschek verstummte und schaute auf den Weg. Er fühlte sich erleichtert, daß er nicht alleine zum Teich fahren mußte. Außerdem hatte er sich noch nie so gut mit Kossa unterhalten. Er dachte auch immer wieder an Franio. Die Drohung seines Bruders kam ihm so unwirklich vor wie Schnee im August. Trotzdem sagte er: »Ich hoffe, daß wir rechtzeitig ankommen.«

»Ich glaube nicht, daß er es tut, Herr Muschek«, sagte Kossa.

»Warum nicht?«

»Jeder hat schon einmal daran gedacht, sich etwas anzutun. Sie etwa nicht?«

»Ja, aber ...«

»... aber schließlich tut es keiner«, ergänzte Kossa, »wenn jeder ernst machen würde, dann gäbe es keine Menschen mehr auf der Welt. Habe ich recht?«

Muschek nickte.

Kossa fuhr fort: »Wenn man nur ein bißchen älter wird, will man gleich wieder jung sein. Stattdessen fallen einem die Haare vom Kopf, das Gesicht bekommt Falten, und die Zähne gehen flöten. Wenn wir nicht altern würden, gäbe es keinen Selbstmörder auf der Welt. Aber so juckt es jeden einmal ... schließlich werden wir aber alle brav siebzig und sind noch froh darüber.«

»Bei Franio ist es anders.«

»Unsinn. Es ist bei jedem dasselbe.«

Herr Kossa verstummte. Der See kam in Sichtweite. Weit dahinter sah man die Umrisse der Bahnstation.

Ein Zug fuhr gerade ab. Man konnte ihn bis in die Ortschaft rattern hören. Kossa trieb das Pferd an. Den restlichen Teil des Weges legten sie schweigend zurück. Am Teich brachte Kossa die Karre zum Stehen. Die beiden Männer stiegen aus und näherten sich dem Ufer. Der Teich war nicht größer als ein Tümpel. Man hörte die Frösche quaken. Eine ausgelassene Atmosphäre lag über dem Wasser. Das Ufer war mit Schilf bewachsen.

»Ganz friedlich hier«, sagte Kossa und sah sich um. Nichts deutete darauf hin, daß jemand vor kurzer Zeit hier gewesen wäre. Die beiden Männer schauten sich um. Auf einmal zog ein kleiner Gegenstand in der Mitte des Teiches ihre Aufmerksamkeit auf sich. Er trieb langsam auf der Wasseroberfläche in ihre Richtung. Es sah wie ein welkes rundes Blatt aus.

»Was ist das?« wunderte sich Kossa.

»Ich weiß nicht.«

Muschek kniete am Ufer nieder und streckte die Hand aus. Das Ding wurde von der Strömung direkt auf ihn zugetrieben. Er wartete, bis es in seiner Reichweite war, und griff dann danach. Er richtete sich auf und drehte das Ding um.

»Was kann das sein, Herr Muschek?«

»Es ist Franios Hut.«

Der Strohhut war durch das Wasser aufgelöst. Es war schwer zu sagen, wie lang er darin gelegen hatte. Vielleicht eine Stunde, vielleicht kürzer. Muschek setzte sich ins Gras und betrachtete die Gegend.

»Ich war an diesem Teich zum letztenmal vor fünfunddreißig Jahren«, sagte er.

Der Ton, in dem er sprach, sagte Kossa, daß Muschek das Schlimmste befürchtete.

»Ich war mit Franio hier. Das Wasser sah damals ganz anders aus ... man konnte darin schwimmen. In der Nachbarschaft lebte ein Mädchen, das Franio sehr mochte. Sie kam öfter mit uns mit. Eines Tages, als sie mitten im See war, bekam sie einen Krampf. Es ging sehr schnell. Sie ertrank vor unseren Augen. Als man sie herauszog, sah sie aus, als wäre nichts geschehen, als wäre sie immer noch am Leben. Ihre Wangen waren gerötet und sie schien zu atmen. So einen Anblick vergißt man nicht. Seit jener Zeit benahm er sich wie ein Kind. Er ist nie erwachsen geworden ...«

»Wenn Franio hier ertrunken wäre, dann hätten wir nicht nur seinen Hut gefunden«, gab Kossa zu bedenken.

Muschek sah ihn zweifelnd an.

»Da haben Sie seinen Rucksack nicht gesehen. Er wog an die hundert Kilo und würde alles mit auf den Grund nehmen. Alles, bis auf den Hut eben.«

»Trotzdem. Ein Hut ist kein Beweis. Ich kenne jemanden, der uns helfen könnte. Wenn Franio hier wirklich etwas zugestoßen wäre, dann müßte das jemand gesehen haben ...«

Muschek hob den Kopf: »Wer?«

Kossa zeigte auf die unweit gelegene Bahnstation.

»Die Bahnhofsvorsteherin Majowa. Sie müßte etwas bemerkt haben. Von der Bahnstation aus sieht man den Teich ganz genau.«

Muschek schaute in Richtung der Bahnstation, die kaum zweihundert Meter entfernt lag.

»Ich kann auch nicht glauben, daß ihm etwas zugestoßen ist«, sagte er.

Die beiden Männer setzten sich in Bewegung. Sie gingen schnell. Der Gedanke, daß sie zu spät gekommen sein könnten, war ihnen gleichermaßen unerträglich.

10

Die Bahnhofsvorsteherin Majowa war seit zehn Jahren Witwe. Sie lebte in einer kleinen Dienstwohnung im Bahnhofsgebäude. Nach dem Tod ihres Mannes hatte sie seine Funktion übernommen und war Bahnhofsvorsteherin geworden. Ihre schwarze Uniform mit den goldenen Knöpfen diente ihr gleichzeitig als Witwentracht. Obwohl ihr Mann schon lange tot war, sprach sie andauernd von ihm. Sie nannte ihn einfach Herr Maj.

Kossa und Muschek trafen Frau Majowa in ihrer

Dienstwohnung an. Sie lag auf dem Sofa und starrte zum Plafond hinauf. Auf dem Tisch stand eine leere Birnenlikörflasche. Ein halbvolles Glas ruhte in ihrer Hand. Die Bahnhofsvorsteherin wies mit einer kreisenden Bewegung auf die Stühle um den Tisch.

»Machen Sie sich es sich bequem, meine Herren«, sprach sie die beiden an, »das Sofa brauche ich heute für mich allein. Möchten Sie ein Schlückchen?« Sie zeigte auf die leere Flasche. »Es ist der beste Likör in der ganzen Gegend. Ich habe ihn schon ein Jahr hier stehen. Heute habe ich ihn endlich aufgemacht.«

»Vielen Dank«, lehnte Muschek ab.

»Wenn nicht, dann nicht«, sagte die Frau Bahnhofsvorsteherin. Sie schloß die Augen und begann etwas zu summen. Kossa und Muschek tauschten einen Blick aus. »Wir haben Sie aufgesucht, weil wir Sie etwas fragen wollten«, ergriff Kossa das Wort. Frau Majowa öffnete die Augen. Sie hatte Mühe, ihren Blick auf Kossa zu fixieren.

»Mein Nachbar Schuster Muschek befürchtet, daß seinem Bruder unten am See etwas zugestoßen sein könnte. Wir haben nämlich seinen Hut im Wasser gefunden. Ist Ihnen heute vielleicht dort etwas Besonderes aufgefallen?«

Frau Majowa knöpfte sich den obersten Knopf ihrer Uniform auf.

»Wie sieht sein Bruder denn aus?«

»Er hat eine Glatze und einen Rucksack, trägt kurze Hosen und ist etwa so alt wie ich«, mischte sich Muschek ein.

»So einen hätte ich auf einen Kilometer Entfernung bemerkt.«

Frau Majowa griff unter das Bett und fischte dort mit einer unerwartet geschickten Bewegung eine neue Likörflasche hervor. Sie machte mit dem Flaschenverschluß kurzen Prozeß und begann, ihr Glas vollzugießen. Die Hälfte davon landete auf dem Teppich.

»Ich wußte gar nicht, daß Sie Alkohol mögen«, staunte Kossa.

»Ich bin Katholikin«, sagte die Bahnhofsvorsteherin »ich gehe jeden Sonntag zur Messe. Nirgends in der Bibel steht, daß man nicht ab und zu einen trinken darf. Außerdem, was wollt ihr? Habe ich euch etwa nichts angeboten?« Sie blickte beleidigt zur Wand, wo das Bild ihres verstorbenen Mannes hing.

»Etwas Alkohol kann nicht schaden. Denn schließlich wird man nicht täglich Zeuge eines Wunders.«

»Ein Wunder?«

Frau Majowa nickte. »Ganz recht. Ein Wunder. Ich habe noch nie etwas Derartiges gesehen.« Sie drehte sich um. Dabei rutschte ihr die Likörflasche aus der Hand. Hätte Schuster Muschek nicht blitzschnell reagiert, wäre die Flasche zerbrochen.

Frau Majowa sah Muschek an: »Wenn Sie schon mal da sind, können Sie mir einen eingießen.«

Muschek goß wieder das Glas bis zum Rand voll.

»Nehmen Sie sich auch etwas.« Sie zeigte auf das Regal hinter ihrem Rücken: »Dort stehen die Gläser.«

»Zuerst erzählen Sie uns, was hier vorgefallen ist«, bat Kossa.

»Meinetwegen ... Vor einer halben Stunde ist hier der Schnellzug nach Lublin abgefahren. Der einzige Zug übrigens, der hier überhaupt stehenbleibt. Deshalb habe ich heute diese Uniform an. Also – nachdem ich das Abfahrtszeichen gegeben hatte, setzte ich mich unter die große Uhr und wartete ...«

Offenbar hatte das Ereignis auf Frau Majowa großen Eindruck gemacht, weil sie auf einmal wieder ganz nüchtern aussah.

»Und während ich wartete, hörte ich plötzlich ein merkwürdiges Geräusch in der Luft. Es war eine Art Rauschen«, Frau Majowa lächelte unschuldig, »dieses merkwürdige Rauschen ließ mich einen Augenblick lang glauben, daß die Engel gekommen waren, um mich zu Herrn Maj zu bringen. Ich sah nach oben. Der Himmel war blau wie immer. Aber dann tauchte über der Bahnstation eine riesige Schar von Vögeln auf. Sperlinge, Amseln, Elstern, was immer Sie wollen. Sie sahen allerdings irgendwie grau und abgemagert aus und steuerten ausgerechnet auf den Schnellzug zu. Statt weiter in den Wald zu fliegen, machten sie über dem Postwaggon halt. Auf der Seite des Waggons gibt es einen Ventilationsschacht, weil es der einzige Waggon ist, der keine Fenster hat. Und wissen Sie, was die gemacht haben? Sie sind einer nach dem anderen in diese Öffnung hineingeschlüpft. Auf dem Bahnsteig wurde es wieder mucksmäuschenstill. Ich dachte, ich hätte das alles geträumt. Aber das war kein Traum. Die Vögel waren im Postwaggon und wollten nicht wieder herauskommen.«

Frau Majowa schüttelte den Kopf.

»Ich habe so etwas in meinem ganzen Leben noch nicht gesehen. Was zum Teufel wollen Sperlinge und Amseln in Lublin? Können Sie mir das vielleicht verraten?«

Muschek und Kossa tauschten einen Blick aus und seufzten erleichert auf. Franio war also am Leben. Er hatte sich nicht umgebracht. Er hatte seinen Hut in den See geworfen, um sie zu täuschen. Vielleicht hatte er auch die Vögel täuschen wollen, doch die hatten ihn gefunden. Jetzt saßen sie alle zusammen im Postwaggon und fuhren als blinde Passagiere nach Lublin. Franios Selbstmordgeschichte war von vorne bis hinten erfunden.

In diesem Moment hatte Schuster Muschek eine Vorahnung: Franio würde nächsten Sommer wieder bei ihm auftauchen und eine neue Geschichte erzählen. Doch bis dahin war noch ein Jahr Zeit. Er fühlte, wie die Spannung der letzten Stunden von ihm wich. Er grinste und sah, daß auch Herr Kossa grinste.

Nur die Bahnhofsvorsteherin Majowa machte weiter ein bekümmertes Gesicht: »Hoffentlich machen die mich nicht dafür verantwortlich. Die Vögel werden ihnen unterwegs doch die ganze Post vollkacken.«

Sie griff wieder nach der Likörflasche und goß sich ein Glas ein. »In welchen Zeiten leben wir eigentlich, meine Herren«, beklagte sie sich. »Konnte man sich das früher überhaupt vorstellen, daß einmal Vögel mit dem Zug reisen würden? Wozu haben die wohl Flügel?!«

»Und was passiert, wenn sie in Lublin ankommen?« fragte Muschek.

»Naja. Nachdem sie alles vollgekackt haben, kommen sie wieder so raus, wie sie reingekommen sind. Ich habe das unbestimmte Gefühl, daß die nicht zum erstenmal im Postwaggon gereist sind.«

»Und niemand bemerkt das?!«

Frau Majowa überlegte eine Zeitlang. Dann setzte sie sich aufrecht hin und lächelte.

»Sie haben recht – niemand ... und wissen Sie was? Wenn es jemand bemerkt, dann wird er es selbst nicht glauben!«

Der Komet

Ich hatte eine Scheibe eingeschlagen. Da lief schon der Großvater hinter mir her, hob die Fäuste zum Himmel und rief, daß er mich nie mehr ins Haus lassen würde und daß ich von nun an wie ein Hausierer auf der Straße leben müßte. Ich aber wußte, daß er es nicht ernst meinte, daß ich, statt die Existenz eines Hausierers zu führen, viel eher am Abend zur Strafe auf Erbsen knien würde. Gleich nach den Fernsehnachrichten würde mein Großvater zu mir kommen, um die Strafe aufzuheben, damit ich mich wie jeder normale Mensch wieder an den Tisch setzen und etwas essen könnte.

Aber bis zum Abend waren es noch zwei Stunden, und da mein Großvater gerade stehengeblieben war, um den Ledergürtel aus seiner Hose zu ziehen, lief ich hinter das Haus und rannte unter den Kirschbäumen zum Geräteschuppen, wo unser Garten aufhörte.

Im Schuppen roch es nach trockenem Holz. Unter der Decke glänzten zwei symmetrische Spinnennetze. Ich beugte mich vor, um sie nicht zu zerstören, nahm einen alten Sessel, der früher in der Küche gestanden war, und trug ihn hinaus.

Mit seiner Hilfe kletterte ich auf das Dach, von wo man den Garten unseres Nachbars Muschek sah. Ich drehte mich um, aber mein Großvater war nirgends zu sehen. Also wandte ich mich wieder dem Garten des Nachbarn zu, suchte nach einer guten Stelle und sprang hinunter.

Die Hunde des Herrn Muschek kannten mich. Sie bellten nicht einmal, als ich an ihrer Hütte vorbeischlich.

Einer von ihnen kam heraus. Ich kraulte ihm das Fell, und er schloß dankbar die Augen.

Um auf die Straße zu kommen, mußte man an Muscheks Haus vorbei. Wer aber an seinem Haus vorbeiwollte, kam an den Schlafzimmerfenstern vorüber, die seit Wochen keine Vorhänge mehr hatten und in letzter Zeit selten geöffnet wurden. Ich näherte mich dem Haus. Als ich zu den Schlafzimmerfenstern kam, hielt ich es wieder nicht aus und warf, wie schon letzte Woche, einen Blick hinein.

Nichts hatte sich geändert. In einem großen Bett, über dem das Bild der Mutter Gottes hing, die ein strahlendes Herz in beiden Händen hielt, lag der todkranke Herr Muschek.

Er lag in seinem großen Bett und hatte einen zerfransten Pyjama an. Auf dem Pyjama waren kleine Kätzchen, die einem Schmetterling nachhüpften, abgebildet. Sein abgemagerter Körper strömte einen faden Geruch aus, und die Fliegen, die im Zimmer herumschwärmten, setzten sich oft auf Muscheks Stirn. Wenn er sich bewegte, flogen sie verstört auf und bildeten eine Aureole über seinem Kopf, so daß er für kurze Zeit wie ein Heiliger aussah.

Schuster Muschek war an diesem Morgen nicht allein. Er hatte Besuch vom Pater Smolny bekommen, der gerade dabei war, dem Todkranken das Sakrament der Letzten Ölung zu geben. Der Pater beugte sich über Muschek, hielt eine Hostie in der Hand und murmelte ein Gebet.

Aber da Schuster Muschek schon vor zwei Wochen fast gestorben war und dann schließlich vor einer Woche endgültig sterben sollte, aber aus einem unerklärlichen Grund noch immer am Leben war, besuchte Pater Smolny ihn nun schon zum drittenmal, hielt zum drittenmal den Leib Christi in die Höhe und wünschte wohl im tiefsten Innern Muschek die ewige Verdammnis an den Hals, weil dieser das Heilige Sakrament entweiht hatte.

Hinter Pater Smolny wartete Frau Muschek und beobachtete mit zusammengefalteten Händen den Pfarrer, der den Leib Christi zwischen die zusammengepreßten Lippen ihres Mannes schieben wollte. Aber genauso wie vor drei Wochen öffnete der sture Schuster Muschek seinen Mund nicht, und die Hostie begann auf seinen Lippen zu schmelzen. Und obwohl Muschek seit längerer Zeit weder sprechen noch sich bewegen konnte, gab er mit der rechten Hand zu verstehen, daß er sein Leben lang ein Atheist gewesen war und daß er am liebsten unserem Pfarrer die Hostie ins Gesicht spucken würde. Als das alles nicht nutzte, nahm er alle Kräfte zusammen und gab in seiner Verzweiflung einen lauten Furz von sich.

Pater Smolny richtete sich auf, schlug über Muschek ein Kreuz und sagte: »In nomine patris et filii et spiritus sancti ... Amen.«
Herr Muschek begann daraufhin seiner Frau Zeichen zu geben, daß er den Pater dafür auf der Stelle erwürgen würde. Dabei bewegte er den Kopf, worauf die Fliegen ausschwärmten und wieder ein Kränzchen über ihm bildeten.

Pater Smolny kratzte sich am Kopf und bemerkte: »Das Reich Gottes ist für Ihren Mann nah, Frau Muschek. Doch ist das ein Grund, diesen Raum so selten zu lüften?«

Ohne die Antwort abzuwarten, drehte er sich mit dem Rücken zu Muschek, der immer noch zeigte, wie er Smolny am Hals packen würde, und ging zurück zum

Tisch. Er verstaute sorgfältig die Hostien und das Salböl für das letzte Sakrament in einer kleinen Metalldose. Frau Muschek trat auch zum Tisch und drückte ihm einen Fünftausendzlotyschein in die Hand. Pfarrer Smolny steckte den Schein ein, ohne ihn eines Blickes zu würdigen, und erklärte: »Gott hat's gegeben, Gott wird's wieder nehmen, Frau Muschek.«

»Amen«, sagte unsere Nachbarin, und der Pater wandte sich zum Gehen. Plötzlich spürte ich etwas Warmes an meiner Hand. Es war der Hund von Schuster Muschek, der mich mit der Schnauze berührte. Ich kraulte ihm das Fell und schlich an den übrigen Fenstern vorbei. Mit ein paar Schritten war ich bei der Pforte. Ich kletterte drüber und stand schon auf der Straße. Ich drehte mich sicherheitshalber um, aber niemand hatte etwas bemerkt. Nur der Hund von Muschek wartete vor dem Haus und sah in meine Richtung.

Dann fiel mir wieder die zerbrochene Scheibe ein, und daß ich eigentlich auf der Flucht war. Ich lief die Straße hinunter bis vor den Laden, der Limonade und Bier verkaufte. Um diese Zeit saßen dort die Arbeiter aus der Ziegelfabrik. Sie hielten die Bierflasche in der Hand und nahmen wie in Zeitlupe hin und wieder einen Schluck. Wenn einer von ihnen das Wort ergriff, dann sagte er immer etwas in der Art wie: »Ein Scheißtag« oder »Was ist heute mit dem Bier los?«

Die anderen nickten stumm, als würden sie ihren eigenen Gedanken zunicken. Jeder von den Ziegelarbeitern hatte schon mindestens drei leere Bierflaschen vor sich stehen. Sie konnten sehr viel vertragen und tranken ganz anders als Gäste im Kaffeehaus oder in einem Restaurant. Dort nippte man an den Gläsern, konnte es kaum auf seinem Platz aushalten und sprach den Kellner wegen jeder Lappalie an. Die Arbeiter von der Ziegelfabrik bewegten sich überhaupt nicht. Sie sahen einander nicht einmal an, wenn sie miteinander sprachen. Sie konnten längere Zeit reglos auf einem Fleck verharren und dabei aussehen, als wären sie auf dieser Welt völlig unnötig. Die Geldscheine in ihren Hosentaschen sahen genauso zerknüllt aus wie ihre Hemden. Sie zahlten schweigend, aber beim Gehen murmelten sie etwas und steuerten dann die Straße hinauf, wo die Wohnquartiere lagen, die man in den letzten Jahren für sie erbaut hatte.

Als die Arbeiter fort waren, betraten zwei neue Kunden den Laden, die viel bunter und leichter gekleidet waren. Es war der Automechaniker Lukas mit seiner neuesten Braut, Ludmilka, die seit kurzem in unserem Schönheitssalon *Die Perle* arbeitete. Lukas wohnte schon seit vielen Jahren in der Gegend und war bei den Fräuleins ungewöhnlich beliebt.

Wenn er mit seinem roten Fiat im Schrittempo unsere Straße entlang fuhr, ging in den Mädchen etwas Merkwürdiges vor. Sie ließen alles liegen und stehen und liefen ans Fenster. Sie zogen die Vorhänge zurück und winkten ihm zu. So sehr Lukas diese Begrüßungen auch schätzte, so konnte er doch beim besten Willen nicht auf jede einzeln antworten. Man erzählte sich, daß deswegen eines Sommers ein Fräulein, das Lukas übersehen hatte, sich so weit aus dem Fenster hinausgelehnt hatte, daß es schließlich auf die Straße gefallen war und sich das Schlüsselbein gebrochen hatte. Lukas war, so hieß es, weitergefahren, ohne etwas davon zu bemerken.

Aber wahrscheinlich stimmte das nicht und war nur aus Bosheit erfunden worden. Tatsache war, daß, was immer auch geschah, die Fräuleins Lukas nicht lange böse sein konnten. Sogar wenn er die Lust an einem Fräulein verlor und schon ein neues kennengelernt hatte, wurde ihm verziehen. Und das war so geheimnisvoll, daß es niemand durchschauen konnte, schon gar nicht Lukas selbst und noch weniger die Fräuleins. Mit zwanzig war er aber dafür in Herzensangelegenheiten so erfahren wie ein anderer Mann mit vierzig und hatte sich in diesen Dingen eine unfehlbare Strategie zurechtgelegt.

Wenn er die Lust an einer Braut verlor und sich von ihr trennen wollte, nahm er sie in seinen Wagen und fuhr mit ihr ins Stadtzentrum. Er kaufte ihr bei *Blikle* zehn Punschkrapfen und fuhr solange herum, bis sie in einem Stau steckenblieben. Im Stau verlor Lukas, der Autofahrer, die Geduld und sagte seiner Braut all das ins Gesicht, wozu er als Mann nicht den Mut gehabt hätte. Er gestand, daß er Hautkrebs hatte, daß er bald sterben würde und daß sie und überhaupt alle Frauen auf dieser Welt ihn nichts mehr angingen. Die Braut ahnte jedoch, daß das Ganze eine Lüge war, daß Lukas wahrscheinlich schon am nächsten Tag mit einer anderen vor ihrem Fenster spazieren würde, und fing zu weinen an.

Lukas schaltete darauf die Scheibenwischer ein, um zu zeigen, wie wenig ihn diese Tränen kümmerten und daß er völlig Herr der Lage war. Wenn die Braut sah, wie die Dinge standen, begann sie ihn anzuflehen, daß er sie nicht verlassen sollte. Lukas, der Autofahrer, war unerbittlich. Der Stau verlieh ihm mit jeder weiteren roten Ampel übermenschliche Kräfte. Schließlich erinnerte sich das Fräulein daran, daß sie gut fünf Jahre älter als ihr Geliebter war, und verlor die Geduld. Sie fing an, mit Selbstmord zu drohen, worauf Lukas, der die Straßen der

Stadt wie kein anderer kannte, den Wagen überraschend schnell aus dem Stau manövrierte und zur Poniatowskibrücke fuhr. Er zeigte hinunter auf die Weichsel und fragte:

»Ist das hier recht, liebe Krysia? Verzeihung! ... Monika? ... Oder wie war das noch? ... Sosia?«

Die Braut, die über die Unverschämtheit, daß Lukas ihren Vornamen absichtlich verwechselte, ganz rot wurde, riß die Tür auf, sprang mit einem Satz aus dem Wagen und schrie:

»Fahr nur zu deiner Neuen! Fahr nur, wenn du mich auf dem Gewissen haben willst! Du siehst mich nie wieder!«

Lukas, der genau wußte, daß man in Liebesangelegenheiten nicht zögern darf, drückte aufs Gas und war wieder frei. Die verlassene Braut blieb unterdessen unschlüssig auf der Poniatowskibrücke stehen, um ein paar Stunden später doch mit dem Bus nach Hause zurückzukehren.

So kam es, daß Lukas ungefähr jede zweite Woche mit einem neuen Mädchen in unserer Straße herumspazierte. Im Sommer baten ihn die Leute, wenn er allein war, auf eine Zigarette an den Gartenzaun und scherzten mit ihm: »Na Lukas? ... Heute ganz einsam? Bald hast du alle Mädchen in der Gegend unglücklich gemacht. Sie werden dir ausgehen.«

Lukas warf darauf den Kopf in den Nacken, als wäre gerade ein Vogel über ihn hinweggeflogen. »Dann fange ich eben von vorne an«, rief er trotzig, und die Leute lachten.

»Vielleicht fahre ich aber auch nächstes Jahr nach Paris. Es gibt dort sechs Millionen Einwohner ... ein

Viertel davon sind junge Mädchen«, erklärte er, und die Leute lachten noch mehr.

»Und wenn du in Paris fertig bist?« neckten sie ihn.

»Dann gehe ich nach Berlin und von dort nach Prag oder sogar London«, entgegnete er und breitete die Arme aus, wie ein Schauspieler, um zu zeigen, wie wenig er für den großen Erfolg bei den Frauen konnte.

Wenn die Leute das sahen, hielten sie sich vor Lachen am Zaun fest. Sie machten eine wegwerfende Handbewegung, als würden sie ihn aufgeben, als wäre er nicht mehr zu retten, und gingen dann wieder ins Haus. Aber im Haus stellten sie auf einmal fest, daß ein Bild an der Wand schief hing oder daß die Fenster zu klein geraten waren. Wenn sie das sahen, verging ihnen das Lachen, und sie liefen wieder hinaus. Dann standen sie eine Weile im Freien, blickten erschrocken auf die Straße und wollten etwas sagen, was eigentlich gar nicht an Lukas gerichtet war, was eigentlich an sie selbst gerichtet hätte werden sollen, aber plötzlich verloren sie den Faden und blieben mit offenem Mund stehen.

Das Ungewöhnliche an Lukas war, daß er fest vom herannahenden Weltuntergang überzeugt war. Irgendwann vor Jahren hatte er in der Zeitung gelesen, daß ein riesiger Komet auf die Erde zuflog, und dieser Artikel hatte aus ihm einen neuen Menschen gemacht.

Wenn er davon erzählte, war er schön und unnahbar wie ein griechischer Gott. Er sprach mit einem solchen Eifer über das bevorstehende Ende der Welt, wie Pater Smolny in der Messe eigentlich über Jesus Christus sprechen hätte sollen. Manchmal hatte man den Eindruck, daß Lukas es nicht erwarten konnte, bis der Komet endlich auf die Erde stürzen und sie mit seiner Wucht zerstören würde. Er malte so lange ein schreckliches Bild nach dem anderen, bis in seiner Schilderung kein Lebewesen mehr auf unserem Planeten übrigblieb. Wenn er verstummte, ging von ihm eine unwiderstehliche Kraft aus, und er blickte triumphierend um sich, als würde ihm die ganze Welt, wenn auch in Trümmern, zu Füßen liegen.

Die Fräuleins konnten es kaum erwarten, daß Lukas ihnen wieder vom heranbrausenden Kometen erzählte, ihnen die schreckliche Vernichtung, die uns allen drohte, beschrieb und sie dabei so ansah, daß ihnen Schauer über den Rücken liefen.

Lukas und seine Braut Ludmilka kauften sich ein Bier und gingen hinaus ins Freie. Dort tranken sie abwechselnd aus derselben Flasche, und dann begann Lukas, von seinem Kometen zu erzählen. Er berichtete, daß der Komet schon letzten Winter auf die Erde aufprallen sollte. Doch immer kam etwas dazwischen. Entweder wurde der Komet von selbst langsamer, oder die Wissenschaftler hatten sich verrechnet. Es war genauso wie mit Schuster Muschek, der schon vor einem Monat sterben hätte sollen, es aber stattdessen auf drei Letzte Ölungen gebracht hatte, zum Ärger der katholischen Kirche noch immer lebte und keine Lust zeigte, die schöne Welt zu verlassen.

»In der Zeitung stand, daß er so groß wie der Mond ist! Kannst du dir vorstellen, was das heißt?!« fragte Lukas aufgeregt. »Er kommt auf uns zugeflogen wie eine Rakete, und wenn er aufschlägt, haben wir nicht einmal Zeit, Amen zu sagen.«

Die Braut schmiegte sich an Lukas. Er legte ihr den Arm um die Hüfte und blickte vor sich hin.

»Ich bin sowieso nicht religiös. Und du ...? Glaubst du an Gott, Schätzchen?«

Das Mädchen umarmte ihn und sagte: »Kamila hat mir heute in der Arbeit erzählt, daß du sie in deinem Wagen mitgenommen hast. Ihr seid zum Fluß gefahren, stimmt das?«

»Sie wollte den Sonnenuntergang sehen. Was ist schon dabei?« rief Lukas und sah Ludmilka so eigenartig an, daß ihr ein Schauer über den Rücken lief. Seine Hand machte sich selbständig und wanderte ihr Kleid hinauf, wo sich unter dem dünnen Stoff die Brust abzeichnete. Ludmilka blickte Lukas verwirrt an, unternahm aber nichts – im Gegenteil, sie legte noch ihre Hand auf die seine, als fürchtete sie, er könnte sie wegnehmen.

»Jeden Augenblick kann uns der Komet auf den Kopf fallen. Wir sind beide noch jung, Ludmilka«, flüsterte Lukas und rollte jedes Wort wie ein Schauspieler.

»Schwör mir, daß du mich nie verlassen wirst! Schwör es bei Gott«, bat das Mädchen.

Lukas hob die freie Hand zum Schwur und sagte feierlich: »Falls nichts Unvorhergesehenes passiert, mein Schatz.« Dann langte er mit der Hand, mit der er gerade die Treue geschworen hatte, dorthin, wo der Rock Ludmilkas aufhörte, und hob einen Zipfel in die Höhe. Die braungebrannten Beine des Mädchens kamen zum Vorschein. Ludmilka hinderte ihn daran, den Rock weiter zu heben.

»Nicht hier ...«, flüsterte sie, »... gehen wir lieber zu mir.«

Lukas nickte, und dann verließen sie den Laden. An der Ecke blieb Lukas ein letztesmal stehen. Er warf einen Blick nach oben, wo in diesem Augenblick durch die Tiefen des Alls ein Komet auf die Erde zuraste, um alles Leben, auch das von Lukas, für immer auszulöschen. Dann verschwand er in der Straße, in der all die jungen Mädchen aus dem Schönheitssalon *Die Perle* wohnten.

In der Nähe des Schönheitssalons lag ein unbebautes Feld, wo Gras und Unkraut wuchsen. Früher ging durch dieses Feld eine Schotterstraße, die direkt ins Stadtzentrum führte. Eines Tages wurde aber ein paar Kilometer weiter eine breite Hauptstraße eröffnet. Von nun an nahmen alle Autofahrer die asphaltierte Hauptstraße, und die Schotterstraße begann langsam zu verfallen. Bereits nach einem Jahr verwandelte sie sich in einen Radfahrerweg, dann in einen schmalen Pfad, und schließlich verschwand sie völlig. Was übrigblieb, waren Straßenlaternen, die früher ihren Rand gesäumt hatten. In diesen Laternen, an denen das Unkraut immer höher kletterte, ging immer noch um die gleiche Abendstunde das Licht an und leuchtete wie in alten Zeiten auf die verwachsene Schotterstraße herunter.

Die Hälfte davon funktionierte nicht mehr, weil man sie mit Steinschleudern kaputtgeschossen hatte, aber die andere Hälfte hielt sich noch und leistete Widerstand.

Wenn jemand in unserer Gegend neu oder nur auf der Durchreise war, wurde er abends auf das Feld geführt, wo man ihm die hell leuchtenden Straßenlaternen zeigte. Der Fremde, der von der alten Schotterstraße nichts wußte, machte ein verwundertes Gesicht, und man konnte sicher sein, daß er beim nächstenmal hier mit einem Photoapparat vorbeikommen würde, um von unseren Straßenlaternen eine Aufnahme zu machen.

Auch jeder von uns hatte ein Photo von ihnen, das er im Portemonnaie trug. Er hatte es dort, wo er die Photos seiner Verwandten und besten Freunde aufbewahrte, denn auch unsere Straßenlaternen waren etwas Besonderes, und wir waren auf sie nicht weniger stolz als die Einwohner in Pisa auf ihren schiefen Turm.

Immer wenn ich zu diesem Feld kam, setzte ich mich unter eine Laterne, die kaputt war. Wenn man im Dunkeln saß, hatte man eine viel bessere Aussicht auf all das, was ringsum geschah. Da unsere Ortschaft am Rande der Stadt lag, konnte man bis zu dem kilometerweit entfernten Wald sehen. Jeden Abend ging über diesem Wald die Sonne unter. Man brauchte sie aber nur für einen kurzen Moment aus den Augen zu lassen oder über eine Kleinigkeit nachzudenken, und schon hatte man den Untergang verpaßt. Wenn die Sonne untergegangen war, stieg von Zeit zu Zeit ein leichter Wind auf und es wurde ganz warm. Ich ließ dann den Blick über den Horizont wandern und dachte daran, daß jetzt in Amerika der Tag begann. Dabei wurde ich sonderbar müde, so müde, daß ich mit geschlossenen Augen neue Dinge zu sehen begann. Der Blick ging durch Straßen und dicke Häuserwände.

Ich sah meinen Großvater, wie er aus dem Küchenregal eine braune Papiertüte hervorholte und die Erbsen auf dem Boden verteilte. Auf dem Küchenboden waren so viele Erbsen wie Sterne am Himmel. Als ich sie zu zählen begann, kam ich immer wieder durcheinander und wurde so müde, daß ich die Augen kaum noch offenhalten konnte und schließlich einschlief.

Als ich aufwachte, war es schon ganz dunkel. Ich saß immer noch unter der kaputten Laterne. Ich versuchte mir die Jacke zuzuknöpfen. Während ich mich mit den zu großen Knöpfen abmühte, die nachträglich angenäht worden waren, sah ich in der Ferne, genau über dem Haus, wo Schuster Muschek todkrank im Bett lag und noch immer nicht starb, einen großen Vogel aufsteigen. Er hob lautlos ab und flog direkt auf die Laternen zu. Er war so schwer, daß er unterwegs die Dächer streifte. Einen Augenblick lang dachte ich sogar, daß hier ein Mensch in großen Stiefeln geflogen käme. Erst im Licht der Laternen erkannte ich, daß es bloß ein alter Storch war. Er bewegte die seltsam ausgefransten grauen Flügel müde hin und her. Sein magerer Hals streckte sich in die Flugrichtung. Als er über mir war, drehte er für einen Moment das Köpfchen und blickte auf mich herab. Er sah aus, als würde er im Schlaf fliegen, als würde er sich nicht dafür interessieren, was unter ihm lag, sondern nur dafür, wohin er flog. Er flog auf den Wald zu, in dem zuvor die Sonne verschwunden war, und der nun wie eine schwarze Mauer dastand. Bevor er sein Ziel erreicht hatte, wurde er von der Nacht verschluckt. Eine Zeitlang hörte man noch das Geräusch seiner ausgefransten Flügel, bis auch das irgendwann vorbei war.

Am Abend bekam ich die übliche Strafe. Ich kniete eine halbe Stunde lang auf Erbsen und biß die Zähne zusammen. Dann kam mein Großvater zu mir, betrachtete mich eine Zeitlang schweigend und begann mir dann Vorwürfe zu machen.

»Weißt du eigentlich, was heute eine Scheibe kostet?« fragte er. »Mit einem Glasermeister hätte es das Doppelte gekostet. Diese Kerle warten nur darauf, einen auszunehmen. Ein Glück für dich, daß ich im Krieg als Glaser gearbeitet habe. Als die Deutschen kamen, flogen die Scheiben bei uns dreimal in der Woche. Seitdem kann ich eine Scheibe im Schlaf einsetzen.«

Er sah mich an, ob ich mir auch alles eingeprägt hätte. Ich fühlte, daß sich die Strafe dem Ende näherte, und nickte zweimal, zur Antwort. Der Großvater holte aus dem Regal die braune Papiertüte und reichte sie mir. Ich erhob mich und begann die Erbsen einzusammeln.

Während ich das tat, sah er mir zu. In seinen Augen malte sich der stumme Vorwurf gegen sein Schicksal, das es ihm nicht ermöglichte, statt für zerbrochene Scheiben aufzukommen gemeinsam mit mir auf Erbsen zu knien. Nach den Abendnachrichten, die ich mir ansehen durfte, ging ich auf mein Zimmer und legte mich ins Bett. Von unten drang das Geräusch des laufenden Fernsehers. Man strahlte eine brasilianische Unterhaltungsserie aus, die alle sehr mochten. Während ich den Dialogen lauschte, die verzerrt zu mir hinaufdrangen, wurde ich plötzlich von der gleichen Müdigkeit wie zuvor auf dem Feld übermannt und schlief schon zum zweitenmal an jenem Abend ein.

Am nächsten Morgen starb Schuster Muschek. Er drehte sich nach dem Frühstück zur Wand, damit ihm niemand beim Sterben ins Gesicht sehen konnte, und hörte zu atmen auf. Frau Muschek, die gerade im Zimmer war, trat an das Bett und drehte ihren Gatten wieder zurück ans Licht. Sie fing gleich an, ihm das Hemd aufzuknöpfen, seine Wangen zu tätscheln und sich aufzuregen: »Siehst du ...! Siehst du, was du jetzt wieder angestellt hast!« Offenbar erwartete sie von ihrem Mann, der bereits seit Wochen nicht mehr sprechen konnte, ausgerechnet jetzt eine Antwort. Aber Schuster Muschek dachte nicht mehr daran. Er suchte sich einen Punkt an der Decke aus, den er immerfort anstarrte. Wenn Frau Muschek seinen Kopf bewegte, fegte sein starrer Blick hin und her. Fünf

Minuten nach seinem Tod erbarmte er sich ein letztesmal und gab ein kurzes Hüsteln von sich, auf welches jedoch Frau Muschek derart unvorbereitet war, daß sie zum Telefon lief und das Bestattungsamt von seinem Ableben in Kenntnis setzte.

Eine halbe Stunde später trafen die Totengräber mit einem Sarg ein. Sie stellten den Sarg im Vorzimmer ab und warteten in der Küche, während Frau Muschek ihren Gatten für die letzte Reise fertig machte.

Schuster Muschek wurde an diesem Tag mit seinem schönsten Anzug bekleidet. Er hatte ihn zuletzt vor Jahren, als ihm jemand eine Theaterkarte geschenkt hatte, getragen. An jenem Abend war er nicht ins Theater, sondern in eine Kneipe gegangen. Er war betrunken heimgekommen und hatte eine Ausrede für seine Frau erfinden müssen. Obwohl Herr Muschek diesmal nirgends hinzugehen brauchte, zog ihm seine Frau seine neuesten Schuhe an, die er sich noch kurz zuvor selbst gemacht hatte. Auf ein Zeichen Frau Muscheks trugen die Männer vom Bestattungsamt den Sarg ins Schlafzimmer. Sie musterten Muschek von oben bis unten, ob der Sarg für ihn auch richtig war. Frau Muschek ging inzwischen zu jedem von ihnen und gab ihm ein Trinkgeld, damit sie ihren Mann vorsichtig hineinlegten. Doch offenbar war der mit rosa Plüsch ausgelegte Sarg nicht ganz nach dem Geschmack Muscheks, denn er wehrte sich, dort hineinzukommen. Sobald ihn die Totengräber untergebracht hatten, machte sich seine rechte Hand selbständig und sprang wie das Teufelchen aus der Schachtel heraus. Die beiden Totengräber kratzten sich am Kopf und sahen Frau Muschek an. Sie begann ihrem Mann Vorwürfe zu machen.

»Komm, mein Lieber, ist das wirklich der richtige

Augenblick ...? Leg dich hin und mach den beiden Herren keine Schwierigkeiten.«

Und siehe da! Als die Männer die Hand diesmal in den Sarg drückten, blieb sie dort, wo sie hingehörte.

Die Totengräber legten schnell den Deckel über Muschek. Während sie die Schrauben festzogen, holte Frau Muschek ein Taschentuch hervor und wischte sich die Tränen ab, die ihr bei diesem Anblick gekommen waren.

»Er war ein guter Gatte«, lobte sie Herrn Muschek. Die beiden Männer vom Bestattungsamt nickten zustimmend, befühlten ihre Hosentaschen, ob das Trinkgeld noch da war, und trugen den Sarg hinaus. Frau Muschek folgte ihnen ins Freie. Vor dem Haus blieb sie stehen und beobachtete, wie sie ihren Mann in einen grauen Kombi schoben. Die beiden Männer grüßten ein letztes Mal, dann fuhren sie mit Schuster Muschek davon, damit er rechtzeitig zu den anderen Toten, die am gleichen Tag gestorben waren, ins Kühlhaus kam.

Am Abend setzte ich mich ans offene Fenster und dachte über Schuster Muschek nach, der, obwohl er Atheist gewesen war, bestimmt schon oben im Himmel saß und auf uns alle herunterblickte. Dabei hatte er sicher den gleichen müden Blick wie der seltsame Vogel, der über das Feld hinweggeflogen war. Und während ich den Nachthimmel nach unserem Nachbarn absuchte, hörte ich auf einmal von unten eine Stimme rufen: »Na, Kleiner? Wonach hältst du denn Ausschau? ... Nach der Jungfrau Maria, he?«

Ich blickte hinunter und sah an unserem Zaun jemanden in einem weißen Hemd stehen. Es war Lukas, der um diese Zeit angetrunken von seiner Braut zurückkam und eine kleine Rast einlegte. Er hielt sich mit einer Hand am Zaun fest und zielte mit der anderen in den Himmel.

»PengPengPeng!« rief er, »... ich habe drei Sterne abgeschossen. Gleich fallen sie durchs Dach ins Zimmer.« Ich schaute unwillkürlich nach oben.

»Du glaubst wohl alles, was man dir erzählt, wie?« lachte Lukas. Ich schüttelte den Kopf, und Lukas hielt sich zur Abwechslung mit beiden Händen am Zaun fest.

»Das Leben ist herrlich, Jungchen!« rief er, »aber was weißt du schon davon? ... Weißt du denn überhaupt, warum es herrlich ist?« Ich wußte es nicht. Aber ich wollte ihm imponieren und sagte: »Vielleicht wegen der Mädchen, Herr Lukas?«

»Ach die ...«, er winkte mit der Hand, »... die habe ich schon ganz vergessen. Sag mal? Hast du denn noch nichts von dem Kometen gehört, der täglich immer näher kommt und bald auf die Erde prallen wird?«

Er ließ den Zaun los und wich plötzlich in die Dunkelheit zurück. Gleich darauf tauchte er wieder auf und hielt den Finger in die Höhe wie Pater Smolny in der Messe.

»Dieser Komet ist das Schönste auf der Welt! Er wird das besorgen, wozu ich keine Zeit habe, verstehst du?« rief er und wich wieder zurück. Ich wartete, bis sein weißes Hemd wieder zum Vorschein käme, aber es tauchte nicht mehr auf. Lukas hatte wieder seinen Weg aufgenommen. Ich hörte seine Stimme, die schon einige Schritte entfernt war.

»Er wird dieses lächerliche Leben, das ich führe, beenden – hast du das kapiert, Kleiner?« lachte er und verschwand in der Dunkelheit, wie der große Vogel, der über Muscheks Haus letzte Nacht so tief hinweggeflogen war, daß er es fast mit seinen Beinen berührt hätte.

Julius geht nach Hause

Julius, Besitzer der einzigen Konditorei in Anin, sah auf die Uhr und ließ die Rolläden herunter. Er drehte den Schlüssel zweimal im Schloß um und trat auf die Straße. Es war ein milder Sommerabend. Die Sonne hing wie eine große Scheibe über Anin. Der ganze Himmel war rosa. Julius mochte diese Zeit zwischen sechs und sieben Uhr abends. Er ging langsam, um nichts zu versäumen. Links und rechts wurden die Rolläden anderer Läden krachend heruntergelassen. Wenig später traten ihre Besitzer auf die Straße, schlossen, genauso wie Julius, die Eingangstür ab und wischten sich, zum Zeichen, daß der Tag zu Ende war, die Hände an der Schürze ab.

Alle mochten Julius, weil sein Laden der kleinste in ganz Anin war. Mehr als drei Leute konnten darin nicht stehen, ohne einander mit den Ellbogen zu berühren. Und einer davon war meistens Julius selbst. Aber was war in Anin nicht klein? Sogar die Wolken, die über Anin schwebten, waren hier dünner als anderswo. Anin selbst war so klein, daß man darüber Scherze machte. Man sagte: Wenn ein Bus durch Anin fährt, so hat der vordere Teil mit dem Lenker die Ortschaft schon wieder verlassen, während der hintere Teil mit dem Reserverad dort noch gar nicht angekommen ist.

An jenem Abend hatte Julius etwas Wichtiges zu erledigen. Er schlug den Weg zum Markt ein, überquerte zwei kleine Gassen, grüßte unterwegs den Fleischhauer Hermann, der nicht zurückgrüßte, und bog in eine noch kleinere Gasse ein. In einiger Entfernung tauchte das Kirchengebäude auf. Julius' Ziel, die Sakristei, lag um diese Tageszeit im Schatten des Kirchenturms. Immer wenn er vor dem Sakristeigebäude stand, wurde er von einer großen Neugier gepackt, die ihn dazu veranlaßte, zuerst durch das Fenster zu spähen. Und auch diesmal war es nicht anders. Durch das kleine Fenster neben der Eingangstür sah er Pater Smolny, der in Gesellschaft seiner beiden Ministranten, Kasia und Lusia, war. Pater Smolny war nicht nur der einzige Pfarrer in Anin, er war offenbar auch der einzige Pfarrer in Polen, und womöglich ganz Europa, der Mädchen als Ministranten hatte.

Pater Smolny glaubte felsenfest an die Existenz der unsterblichen Seele im Körper seiner beiden Ministranten. Deshalb kniete er auch heute vor Lusia und horchte unter größter Konzentration ihre Brust ab. Sein Ohr lag dicht an der Stelle, wo das Herz des Mädchens schlug. Von Zeit zu Zeit murmelte er etwas, damit Lusia stillhielt. Aber Lusia war sehr kitzlig und begann zu kichern, worauf Pater Smolny beleidigt den Finger in die Höhe hob, um zu zeigen, daß es hier um kein Spielchen, sondern um ein Experiment der katholischen Kirche ging.

Julius nahm einen tiefen Atemzug und klopfte an. Er hörte einen leisen Ausruf von Lusia und die beruhigende Stimme des Paters. Wenig später öffnete sich die Tür. Smolnys Gesicht nahm einen freundlichen Ausdruck an, als er Julius erkannte. Er fuhr sich zerstreut über das zerzauste Haar und murmelte: »Herr Julius ... ?! Kommen Sie herein ... Wir haben schon auf Sie gewartet.«

Als Julius eintrat, machten Kasia und Lusia einen Knicks und begannen zu kichern. »Warum lachen sie?« erkundigte sich Julius.

»Ihre Kleider riechen nach Schokolade, und meine Ministranten haben einen ausgeprägten Geruchssinn«, erklärte Pater Smolny stolz, so, als wäre Kasias und Lusias ungewöhnlicher Geruchssinn sein Verdienst. Julius betrachtete neugierig die beiden Mädchen, die daraufhin rot wurden.

»Haben Sie mitgebracht, worum ich Sie gebeten habe?« schaltete sich Pater Smolny ein.

Julius zog aus der Jackentasche eine kleine, rechteckige Schachtel: »Beinah hätte ich es vergessen ...«

Er öffnete sie und nahm zwei große Bonbons heraus. »Marzipanpflaumen«, erklärte er, »sie sind heute in der Früh aus Warschau angekommen ... wie abgemacht, Herr Pfarrer.« Er stellte die Schachtel auf den Tisch.

Die Anwesenden betrachteten schweigend das Konfekt. Man hatte in Anin noch nie eine so schön verpackte Süßigkeit gesehen. Auf dem Zellophan war ein kleiner Sichelmond mit Sternen abgebildet.

»Wieviel macht das?« fragte Pater Smolny leise.

»Dreißig Zloty.«

Der Pater öffnete eine Schatulle, die auf der Kommode neben dem Fernseher stand, und nahm vierzig Zloty heraus. Er reichte Julius das Geld.

»Das ist zuviel, Pater.«

»Die Kirche läßt sich nicht lumpen, wenn es um einen höheren Zweck geht, mein Sohn«, sagte der Pater.

Julius war derart beeindruckt, daß der um ein paar Jahre jüngere Pater ihn mit »mein Sohn« angeredet hatte, daß er nichts mehr fragte. Er steckte das Geld ein und reichte Pater Smolny, der schön langsam vor Ungeduld auf der Stelle zu treten begann, die Hand.

»Auf Wiedersehen, Kasia und Lusia«, sagte Julius.

»Auf Wiedersehen, Herr Konditor«, riefen die beiden Mädchen im Chor.

Pater Smolny begleitete Julius zur Tür: »Sie haben heute der Kirche einen großen Dienst erwiesen. Schade, daß Sie nicht noch etwas bleiben können. Wir hätten uns einen genehmigen können ... und am Abend läuft ein Film mit Kirk Douglas. Man hätte vielleicht gemeinsam ... Lusia und Kasia lieben ihn.«

Julius wußte, daß Pater Smolny das nur aus Höflichkeit sagte, und winkte ab.

»Ich habe leider noch zu tun, Pater.«

»Schade. Wie auch immer ... ich werde Sie in meine Gebete einschließen.«

»Vielen Dank. Das kann nie schaden, Pater«, freute sich Julius und trat auf die Straße.

»Augenblick noch«, rief ihm Pater Smolny nach, »Sie haben noch zwei Bonbons in dieser Schachtel. Für wen sind die bestimmt? Doch nicht für Geschöpfe des anderen Geschlechts?«

»Für Frauen? Nein, Pater.«

Smolny sah Julius mißtrauisch an.

»Hüten Sie sich vor diesen Dingen. Nur die Kirche besitzt genug Kraft und Erfahrung, der Sünde schadlos ins Auge zu blicken.« Er schlug über Julius ein Kreuz. »So, das war gratis ... und nun geh in Frieden, mein Sohn.«

Kaum hatte sich die Tür hinter ihm geschlossen, fühlte Julius, daß er noch nicht alles gesehen hatte, daß das Beste noch folgen würde. Und obwohl er zu den taktvollsten Menschen in Anin gehörte, war seine Neugier so groß, daß er wieder zum Fenster schlich und einen Blick hineinwarf. Vor Pater Smolny standen Lusia und Kasia und zogen ihre Röckchen zurecht, die ihnen auf der Suche nach der unsterblichen Seele verrutscht waren. Pater Smolny wartete etwas ab. Dann nahm er vom Tisch beide Marzipanpflaumen und sagte: »Damit es klar ist, meine Schäfchen. Diese Köstlichkeiten sind nicht für euch, sondern für das Höhere in euren Körpern bestimmt. Für eure Seelen, um die ich Tag und Nacht kämpfe, und, möge Gott mir die Kraft dazu geben, eines Tages auch vor der ewigen Verdamnis bewahren werde.« Während der Pater sprach, knieten Lusia und Kasia nieder und richteten ihre Augen auf das Konfekt. Und obwohl die Marzipanpflaumen für ihre Seelen bestimmt waren, lief ihnen das Wasser derart im Mund zusammen, daß sie es kaum auf ihren Plätzen aushielten. Pater Smolny streckte langsam beide Hände aus und hielt die Marzipanpflaumen über Kasia und Lusia, als wäre es kein Konfekt, sondern die Hostie selbst. Es wurde ganz still im Raum, und eine feierliche Atmosphäre verbreitete sich.

»In nomine patris et filii et spiritus sancti«, sagte Pater Smolny und hielt die Marzipanpflaumen Kasia und Lusia hin.

»Amen«, flüsterten die Mädchen und nahmen die Süßigkeiten mit dem Mund entgegen. Sie schlossen die Augen, und ihre Köpfchen senkten sich auf die Brust. Und Pater Smolny, dem das Heil dieser beiden Schäfchen mehr auf dem Herzen lag als sein eigenes, streckte die Hand aus und streichelte vorsichtig diese Köpfchen, als könnten sie wie zerbrechliches Porzellan jeden Moment in tausend Stücke zerspringen.

Julius wandte befriedigt den Blick ab. Dann schlich er bis an die Ecke der Sakristei und lief mit kleinen Schritten bis zur Pforte. Erst als er das Kirchengelände hinter sich gelassen hatte, drehte er sich um. Die Kirche von Anin leuchtete im Glanz der untergehenden Sonne noch schöner als am Morgen, wenn die Gläubigen zur Messe gingen. Julius kratzte sich am Kopf und murmelte: »Geh in Frieden, mein Sohn.« Dann marschierte er, ohne sich noch ein einziges Mal umzudrehen, die Straße hinauf.

Auf dem Markplatz von Anin, der nicht größer als der Sakristeigarten von Pater Smolny war, stand nur noch ein Lieferwagen. Er gehörte dem Gemüsehändler Maniek, der, wie jeden Abend, seinen ganzen Marktstand auf den Lieferwagen geladen hatte. Er wartete mit einer brennenden Zigarette im Mund auf Julius, der gerade den Marktplatz überquerte. Maniek gehörte zu jenen Bürgern in Anin, die immer Glück im Unglück hatten. Und davon gab es dort erstaunlich viele.

Letzten Winter, als die Temperatur im Januar dreißig Grad unter Null gefallen war, fiel plötzlich in Manieks Wohnung die Heizung aus. Maniek, der nie Alkohol trank, öffnete eine Wodkaflasche, um sich aufzuwärmen. Gegen Mitternacht war er derart aufgewärmt, daß er das Fenster öffnete. Dabei überkam ihn die Lust, auf seinen Lieferwagen hinunterzusehen. Der Lieferwagen war um die Ecke geparkt, und Maniek lehnte sich so weit hinaus, daß er das Gleichgewicht verlor und aus dem dritten Stock auf die Straße stürzte. Vier Stunden später wurde er ins Spital eingeliefert. Bis dahin hatte er vergeblich versucht, ins Haus zu kommen. Die Haustür war abgesperrt, und Maniek, der nur einen Pyjama anhatte, fror sich bei dieser Angelegenheit alle zehn Zehen ab.

»Julius ...«, grinste Maniek, dem vorne ein Zahn fehlte. Maniek legte schon lange keinen Wert mehr auf sein Äußeres. In seiner Wohnung hatte er alle Spiegel durch ein Foto ersetzt, das ihn als Fünfundzwanzigjährigen braungebrannt und frech grinsend auf dem Danziger Strand zeigte. Auf diesem Photo betrachtete er sich jeden Morgen und fuhr dann zufrieden zur Arbeit.

»Ist es angekommen?« erkundigte er sich.

Der Konditoreibesitzer nickte.

»Endlich! Komm herein ...«, sagte Maniek aufgeregt und half seinem Freund auf die Plattform des Lieferwagens. Im Inneren des Wagens war es stockdunkel.

»Hier riecht's nach faulen Gurken«, stellte Julius fest.

»In einer faulen Gurke sind mehr Vitamine als in deinem ganzen Laden«, scherzte Maniek und zündete eine Kerze an. Julius sah sich um. An den Wänden stapelten sich Kisten mit Salat und halbreifen Tomaten.

»Hast du dich sattgesehen?« Maniek sah Julius ungeduldig an: »Also? Wo ist es?«

Julius holte die Schachtel mit den Marzipanpflaumen hervor. Er öffnete sie und nahm die dritte Praline heraus. »Direkt aus Warschau, Maniek«, sagte er voll Stolz.

Maniek wischte sich die Hände an der Hose ab und nahm das Marzipankonfekt vorsichtig entgegen. Er hielt es gegen das Kerzenlicht wie ein kostbares Juwel.

»Warum machen sich die Leute so viel Mühe, um so etwas Schönes zu machen?« staunte er.

»Schwer zu sagen«, log Julius. Maniek hätte Pater Smolny fragen sollen.

Maniek konnte sich von dem Anblick der Marzipanpflaume nicht losreißen. Ihre Schönheit ging ihm derart zu Herzen, daß er aus einer Kartoffelkiste eine Wodkaflasche mit zwei Gläsern herausholte. Er goß sie voll und sagte: »Auf dein Wohl, Julius!«

Er kippte sein Gläschen und starrte das Konfekt an. Dann begann er in der Nase zu bohren und ließ den Gedanken freien Lauf: »Ich gäbe was dafür, das Gesicht von Hermann zu sehen. Er würde vor Neid grün werden. Weißt du eigentlich, daß dieses Arschloch gestern gesagt hat, ich würde aussehen wie ein Sechzigjähriger? Dabei weiß doch jeder, daß ich vierundfünfzig bin. Ich habe ihm auf der Stelle die Fresse poliert. Die Leute standen im Kreis um uns herum und feuerten mich an. Dann trugen sie ihn weg, weil sie Angst hatten, ich würde ihn erwürgen.«

Maniek starrte seine Hände an, mit denen er Hermann fast erwürgt hatte, und stieß einen Seufzer aus: »Wir Slawen sind schrecklich sensibel ...«

Julius schwieg taktvoll. Maniek hatte an diesem Tag seinen sechzigsten Geburtstag, und die Marzipanpflaume war das Geschenk, das er sich selbst gekauft hatte.

»Wie soll man das eigentlich essen, Julius? Soll man das schlucken und zerbeißen? Das Ding ist ganz schön groß für ein Bonbon«, stellte er fest.

»Du kannst ruhig zubeißen. Das ist keine Granate«, beruhigte ihn Julius.

Maniek sah Julius unsicher an und steckte das Konfekt langsam in den Mund. Es wurde ganz still. Maniek kaute. Es dauerte eine Weile. Er hatte insgesamt nur fünf Zähne zur Verfügung. Julius tat so, als er sich für eine Kiste verfaulter Gurken interessieren würde. Schließlich wischte sich der Gemüsehändler den Mund ab. »Fertig ...«, sagte er und spuckte aus.

»Warum hast du ausgespuckt? Hat es dir nicht geschmeckt?«

Maniek sah Julius von der Seite an. Er war sichtlich bewegt.

»Besser als Wodka ...«, stammelte er, und Julius, der noch nie ein schöneres Kompliment gehört hatte, wurde rot bis über beide Ohren. Maniek trank ein zweites Gläschen aus und erhob sich. Er war so klein, daß er aufrecht im Laderaum seines Lieferwagens stehen konnte. Sein Blick ging durch die Blechwand des Lieferwagens, durchwanderte ganz Anin und verlor sich schließlich so weit in der Ferne, daß sich Maniek wieder als ein fünfundzwanzigjährer Schönling am Danziger Strand stehen sah. Maniek vollführte eine Geste wie jemand, der einen felsenfesten Entschluß gefaßt hat, und verkündete: »In einem Jahr machen wir es wieder. Und das Jahr danach auch. Wir machen es so lange, bis ich tot bin. In Ordnung, Julius?«

»Oder ich ...«, stimmte Julius zu, kippte sein Gläschen Wodka, obwohl er sonst nie Alkohol trank, und dachte mit Bedauern, daß in seiner Schachtel nur noch eine Marzipanpflaume übrig geblieben war.

Am Ende Anins, jenem Städtchen, wo sogar die Wolken anders sind als überall sonst, wohnte Herr Sawka. Niemand nahm ihn sonderlich ernst, weil er ständig behauptete, in seinem Haus hätte sich ein Teufel eingenistet. Bevor Herr Sawka herausfand, daß es sich um einen harmlosen Teufel handelte, war er verzweifelt. Doch dann sah er, daß der Teufel nichts Böses tat. Er versteckte nur von Zeit zu Zeit Sawkas Brille oder seine Socken. Mit der Zeit gewöhnte sich Herr Sawka derart an ihn, daß er sogar für ihn zu kochen begann. Allerdings konnte niemand außer ihm den Teufel sehen, und sogar die Portionen, die für den Teufel bestimmt waren, mußte Sawka schließlich selbst aufessen. Schon von weitem hörte Julius, wie sein Gastgeber sich auf den Besuch vorbereitete.

Er sang eine Melodie, die man seit einiger Zeit oft im Radio hörte, und kommandierte den Teufel herum. Herr Sawka war auf einem Ohr taub und brüllte, daß man ihn bis auf die Straße hören konnte. »Steh nicht so herum, du Nichtsnutz«, rief Sawka, »setz dich dort unter den Spiegel ... oder nein ..., besser da drüben. Und halt gefälligst die Klappe, wenn er da ist ...«

Als Julius anklopfte, wurde es augenblicklich still.

»Willkommen, Julius«, sagte Herr Sawka, der an diesem Tag einen Anzug und eine rote Krawatte trug, »wir haben auf dich gewartet.«

Julius wurde ins Eßzimmer geführt, und Sawka wies mit vornehmer Geste auf die Stühle, die um den Tisch herumstanden.

»Mach es dir bequem.«

Julius schaute die Stühle an und fragte dann, um Sawka eine Freude zu machen: »Ist der auch bestimmt frei? Ich bin noch nie auf einemTeufel gesessen ...«

»Keine Sorge«, lächelte Sawka, »er sitzt auf seinem Lieblingsstuhl und grinst.« Dann wandte er sich an einen der leeren Stühle, der an der Wand stand: »Warum grinst du denn überhaupt? Was ist denn so lustig?«

»Beachte ihn nicht«, lächelte er dann wieder Julius zu, »er ist noch dümmer als meine verstorbene Frau. Manchmal glaube ich, daß sie hinter all dem steckt.«

Julius nahm vorsichtig Platz. Er öffnete seine Tasche und holte die Schachtel mit der letzten Marzipanpflaume heraus: »Hier ist das, was Sie letzte Woche bei mir bestellt haben.« Er legte das Konfekt auf den Tisch.

»Sehr schön ...«, sagte Sawka, ohne die Marzipanpflaume eines Blickes zu würdigen, »ich weiß, daß ich dir viel Mühe damit bereitet habe, aber es war, um ehrlich zu sein, nicht ganz meine Schuld.« Er blickte vielsagend in Richtung des Teufels, und Julius wußte, daß er in diesem Augenblick unrettbar verloren war, daß jetzt nur noch die Rede von den teuflischen Streichen sein würde, denen Herr Sawka in seinem eigenen Haus ausgeliefert war.

»Er ließ mich tagelang nicht mehr in Ruhe«, verriet Sawka Julius im Ton eines Verschwörers, »mal wollte er das, mal was anderes. Genauso wie die selige Frau Sawka, die auch nie wußte, was sie wollte. Als der Tod kam, wußte sie nicht einmal, wie sie sterben sollte. Liegend oder sitzend? Schließlich hat es sie auf dem WC erwischt. Vor einer Woche ließ er bis Mitternacht den Fernseher laufen, weil ein Western mit John Wayne lief. Am nächsten Tag wollte er bereits ins Kino. Weil ich es nicht erlaubte, fraß er die Seife im Badezimmer auf. Dann hat er mit dieser Fragerei angefangen: *Warum ist die Sonne nicht rechteckig? Wozu haben Autos einen Auspuff? Warum pinkelt der Hund nie gegen den Wind? Ißt der Papst Fischstäbchen?* Es war nicht zum Aushalten, Julius!« Zu Julius' Freude faßte Sawka die Marzipanpflaume ins Auge, jammerte dann allerdings weiter: »Früher führten wir wenigstens interessante Gespräche. Als ich ihm aber neulich etwas über Gentechnik erzählte, sagte er: *Werden dann den Leuten Kakteen auf dem Arsch wachsen? – Und ob, du Blödian!* brüllte ich, und er antwortete seelenruhig: *Dann laß dir gleich zwei Stück wachsen, du alter Bock!* Ich dachte nur noch daran, wie man dieses dumme Maul stopfen könnte. Schließlich kam ich dahinter, daß man ihn nur mit Marzipan zum Schweigen bringen kann. Wenn Frau Sawka in einer Auslage ein Stück Marzipan sah, dachte sie an nichts anderes mehr. Auch er wurde kleinlaut, als ich ihm damit drohte.« Herr Sawka zeigte auf das Konfekt: »Ich bin bereit, jeden Preis für meine Freiheit zu bezahlen. Wieviel kostet mich das, Julius?«

»Gar nichts. Es ist ein Geschenk«, sagte Julius, weil er es nicht mehr erwarten konnte, Sawkas Haus zu verlassen. Sawka blickte ihn mißtrauisch an. Als er aber sah, daß der Konditoreibesitzer nicht scherzte, sagte er: »Ich bezweifle, daß dieser Nichtsnutz das zu würdigen wissen wird. Aber Gott sei Dank habe wenigstens ich noch Manieren. Meine Dankbarkeit ist grenzenlos«, fügte er pathetisch hinzu.

»Gern geschehen, Herr Sawka.« Julius erhob sich von seinem Platz: »Ich muß mich wieder auf den Weg machen. Heute läuft im Fernsehen ein Film mit Kirk Douglas.«

»Kirk Douglas? Daß ich nicht lache«, höhnte Sawka, »wie ich das Leben kenne, gehst du nach Sonnenuntergang mit einem Mädchen zum Fluß. Wenn es dunkel wird, ziehst du ein Stück Schokolade aus der Tasche und verdrehst ihr damit den Kopf. Sie schließt die Augen, öffnet den Mund, und statt Schokolade bekommt sie was Besseres ... Mach mir nichts vor, Junge. Wenn ein Mädchen auf Süßigkeiten versessen ist, kannst du dir alles erlauben.«

Während Herr Sawka redetete und redetete bewegte sich Julius zum Ausgang und lächelte möglichst hintersinnig, um den alten Sawka, der in seiner Jugend alle Mädchen in der ganzen Gegend unglücklich gemacht hatte, nicht zu enttäuschen.

»Naja, vergiß mich nicht, wenn du heute am Fluß deine Schokolade aus der Tasche ziehst«, bat Sawka.

»Versprochen, Herr Sawka«, sagte Julius und drückte Sawkas Hand.

Julius verließ die Wohnung und trat auf die Straße. Die Sonne über Anin ging gerade unter. Er ging jetzt ganz langsam. Fast alle Fenster standen offen. In machen sah man einen Bürger von Anin, der neugierig auf die Straße herunterschaute. Die Schachtel mit den Marzipanpflaumen aus Warschau war leer. Er wunderte sich, wie schnell das alles gegangen war. Wie schnell überhaupt alles ging. Gestern war er noch ein Junge gewesen und heute besaß er eine Konditorei. Lag es daran, daß Anin so klein war? In kleinen Städten ging alles schneller. Irgendwo hinter den Wäldern, wo gerade die Sonne unterging, lag Amerika. Aber wie konnte man Amerika mit Anin vergleichen? Alles in Anin war rückständig. Wenn in Amerika der Tag begann, war es in Anin noch immer Abend. Maniek kaute noch immer an seiner Marzipanpflaume und Pater Smolny kämpfte um die Seelen von Kasia und Lusia. Wie konnte man hier glücklich werden?

Julius zog tief die sommerliche Luft ein. Aber bevor er um die Ecke bog, hörte er plötzlich die Stimme von Herrn Sawka, der noch immer vor dem Haus stand und ihm laut nachrief: »Julius! Mal abgesehen von den Mädchen, was treibst du eigentlich die ganze Zeit?«

Julius drehte sich um. Er mußte gegen die untergehende Sonne schauen und verzog das Gesicht zu einer

Grimasse. »Was ich so treibe?« wiederholte er, wobei er jedes Wort in die Länge zog.

»Ja! Was du so machst?«

Julius überlegte einen Moment. Dann machte er eine wegwerfende Handbewegung: »Sieht man das nicht? Ich gehe herum und verteile Marzipan.«

Schwager Wilhelm*

Im *Tulipan* an der Ecke der Polna und der Jasnastraße saßen über einer Flasche *Grasovka* drei alte Schulkameraden. Sie verkehrten seit Jahren in dieser Bar, wo sie sich jedesmal an denselben Tisch in der Fensternische setzten. Beim Fenster saß Herr Pasur, der ein paar Straßen weiter in einem Häuserblock als Hausbesorger arbeitete. Herr Pasur warf von Zeit zu Zeit gerne einen Blick auf die Polna, die um die Abendzeit meistens von Liebespaaren, die in einen nahen Park unterwegs waren, bevölkert war. Wenn ein besonders hübsches Mädchen vorbeiging, sah ihr Herr Pasur lange nach, murmelte etwas und kippte dann ein Gläschen *Grasovka*. Neben ihm lehnte Herr Felix, der früher als Glaser bei *Mendel & Söhne* gearbeitet hatte. Nach zwanzig Jahren Berufsleben fehlte ihm wie jedem anderen Glasermeister in Warschau je ein Finger an jeder Hand. Herr Felix lebte seit einigen Jahren von einer Invalidenrente, die ihm anstandslos bewilligt worden war. Seither trank er jeden zweiten Tag im »Tulipan« sein Gläschen *Grasovka*, das er wie einen lebendigen Schmetterling vorsichtig zwischen Daumen und Ringfinger hielt und dann mit geschlossenen Augen zum Mund führte.

In der Ecke, die am hellsten war, saß Bäcker Mostek. Bäcker Mostek hatte als einziger von allen dreien ein Hobby. Er züchtete in seiner Freizeit Kanarienvögel, wodurch er letzten Sommer bei einem Kanariensingwettbewerb auf der Polna den zweiten Platz gewonnen hatte.

* In der polnischen Umgangssprache bezeichnet *Schwager* ganz allgemein einen näheren Verwandten.

Mostek war kleingewachsen und besaß außergewöhnlich durchtrainierte Arme, die in kuriosem Gegensatz zu seinem übrigen Körper standen. Auf seinem linken Arm war ein blauer Matrosenanker eintätowiert. Wegen diesem Anker ging Mostek bis in den Herbst hinein im T-Shirt spazieren. Es störte ihn weder, daß die anderen Leute bereits in Jacken und Mänteln herumliefen, noch, daß es knapp über null Grad hatte. In den letzten Tagen war allerdings der Matrosenanker von einer schwarzen Trauerbinde bedeckt. Mostek war vor kurzem aus Wien gekommen, wo er dem Begräbnis seines Schwagers Wilhelm beigewohnt hatte.

Außer den drei Männern war kein Gast mehr im Lokal. Nur an der Theke spülte die Kellnerin Hanka Schnapsgläser und lauschte dem Gespräch. »Ihr könnt sagen, was ihr wollt, aber Wien ist eine Weltstadt!« schwärmte Mostek und zupfte leicht an der Trauerbinde, damit sein Anker etwas hervorschaute. »Die Kaufhäuser sind dort so groß wie das Warschauer Militärmuseum. Der Sarkophag von der Kaiserin Maria Theresia ist höher als der neue Lieferwagen von Maniek. Wir mit dem ganzen Tisch hätten darin Platz gefunden. Sogar Hanka mit ihrer Theke würde sich noch ausgehen.«

Mostek kippte blitzschnell ein Gläschen.

»Am besten hat mir aber die Kathedrale im Stadtzentrum gefallen. Sie ist so hoch, daß sich früher von oben junge Studenten, die aus Liebeskummer auf der schönen Erde nicht mehr leben wollten, herunterstürzten. Letztes Jahr hat man dort aber ein breites Netz angebracht. Doch die Studenten sind ja nicht auf den Kopf gefallen. Sie haben sich einen Aussichtsturm an der Donau ausgesucht, wo es ganz oben ein Drehrestaurant gibt. Sie mischen sich nun unter die Gäste, bestellen noch sicherheitshalber einen Salat, aber kaum, daß der Kellner wegschaut, öffnen sie das Fenster, und schon zeigen sie der ganzen Welt, daß mit der Liebe nicht zu spaßen ist.

Natürlich ging das bei der Kathedrale viel besser. Dort flog der Student zuerst am Heiligen Stephan vorbei, kam zu der Pummerin, wo die Turteltauben nisten, und landete vor dem gotischen Eingang, der noch dazu gerade von japanischen Touristen gefilmt wurde.«

»Tja, Wien ...«, seufzte die bis dahin schweigende Hanka. Und weil sie in Modejournalen belesen war, setzte sie hinzu: »Die elegantesten Frauen in ganz Europa findet man in Wien. Sie sitzen in Cafehäusern und rauchen dünne lange Zigaretten.«

»Dafür läutet gestern abend bei mir das Telefon«, ergriff Hausbesorger Pasur das Wort, weil ihm Hanka aus einem unerklärlichen Grund auf die Nerven ging, »irgend jemand sagt, daß ich sofort auf die zweite Stiege gehen soll. Es war gleich neben mir, wo die neue Boutique geöffnet hat. Ich laufe also hinüber. Im ersten Stock steht eine hübsche Blondine und weint, als hätte man ihr gerade Vater und Mutter umgebracht. Ich gehe zu ihr und frage: ›Was ist geschehen? Warum weinen Sie denn noch um diese Zeit?‹ ›Wie gut, daß Sie gekommen sind, Herr Hausbesorger‹, schluchzt sie, ›der Lift ist gerade hinuntergefahren!‹ Ich lehne mich wie Gregory Peck an die Wand und frage: ›Seit wann ist das ein Grund zum Weinen, schönes Fräulein?‹ ›Seit heute!‹ ruft sie und sieht mich an, als würde sie mir gleich die Augen auskratzen. Erst jetzt sehe ich, daß sie auf ganz unnatürliche Art eine Hundeleine in der Hand hält. Das andere Ende ist schon längst im Lift verschwunden. Ich greife mir an den Kopf, laufe wie der Teufel hinunter, bis ich den Lift im Parterre anhalte. Ich öffne die Tür, und was sehen meine Augen? Unter der Decke hängt ein weißer Pudel und zappelt wie verrückt mit den Beinchen.«

»Wenigstens hast du einen interessanten Beruf. Mir passiert nie etwas«, sagte Herr Felix und betrachtete seine Hände.

»Paßt aber auf, was ich euch jetzt über Schwager Wilhelm erzähle!« kündigte Mostek an. »Er hat es bis zu einem Haus und zwei Autos gebracht. Bevor er starb, fuhr er sogar nach Portugal auf Urlaub. Und das einmal im Jahr!«

»Ach, Portugal!« mischte sich Hanka wieder ein und verdrehte die Augen, um Pasur zu ärgern.

»Zu schade bloß, daß er so früh gestorben ist. Das Begräbnis war ein richtiges Fest. Wie eine Hochzeit bei uns.«

»Starb er tragisch oder normal?« erkundigte sich Pasur, der die Unfallstatistiken Mitteleuropas im Kopf hatte. »In Wien sterben nämlich die meisten tragisch«, setzte er mit erhobenem Finger hinzu.

»Seine Frau, dieses Prachtstück, sagte mir beim Kaffee, daß es für alle eine unerwartete Tragödie war.«

»Ach, die Weiber! Die reden nur, um irgend etwas zu sagen«, rief Pasur und blickte erbost auf Hanka. Erst als er den Blick auf ihre weiße Bluse, unter der sich eine mächtige Wölbung abzeichnete, richtete, beruhigte er sich einigermaßen.

»Wilhelm lebte schon seit zwanzig Jahren in Wien«, erklärte Mostek. »Er kam als kleiner Junge dorthin. Nach dem Medizinstudium wurde er Zahnarzt. Die letzten fünf Jahre besaß er sogar eine eigene Praxis. Die

Leute kamen scharenweise zu ihm. Weil er Ausländer war, erwarteten sie sich weiß Gott was für Wunder von ihm. Sie setzten sich in den Sessel, öffneten den Mund, und Wilhelm tauschte die Plomben aus. Mit der Zeit hat konnte er sich eine Villa in Hietzing kaufen, was sich nur die Reichen leisten können. Seine Frau ist bildhübsch und fünfzehn Jahre jünger als er. Sie haben einen Jungen, der Klassenbester in Algebra ist. Und gerade, als es ihnen am besten ging, geschah das Unglück.«

»Eine Ehefrau soll mindestens zehn Jahre jünger als der Mann sein. Frauen altern nämlich schneller«, schaltete sich Herr Felix ein. Seine Frau hatte ihn verlassen, als er seine erste Invalidenrente nach Hause brachte.

Hanka warf dem ehemaligen Glasermeister einen geringschätzigen Blick zu und wandte sich an Mostek, »was war das für ein Unglück, Herr Mostek?«

»Eines Tages wurde Wilhelm auf dem Nachhauseweg von zwei fremden Männern angerempelt. Sie drängten Wilhelm an die Wand und leerten seine Taschen. Wilhelm war so überrascht, daß er überhaupt keinen Widerstand leistete. Er konnte auch nicht um Hilfe rufen, weil kein Mensch in der Nähe war. Die beiden Räuber wußten erstaunlich gut Bescheid, wo er seine Brieftasche und die anderen Sachen trug. Als hätten sie damit nicht genug, rissen sie ihm noch ein Medaillon, das Wilhelm in seiner Kindheit bekommen hatte und immer um den Hals trug, ab. Darauf wurde er wütend und fing an, die beiden zu beschimpfen. Plötzlich spürte er einen starken Schlag auf den Hinterkopf und sank auf die Straße. Die beiden Ganoven blickten ihn auf einmal ganz merkwürdig an. Einer von ihnen steckte sich eine Zigarette an. Er tat ein paar Züge, damit sie richtig brannte, und beugte sich über Wilhelm. In aller Ruhe drückte er den glühenden Zigarettenstumpf in seinem rechten Auge aus.«

»Igittigitt!« schauderte Hanka und wischte angeekelt mit dem Tuch über die Theke.

»Das muß aber höllisch wehgetan haben«, gab Hausbesorger Pasur zu bedenken.

»Wer weiß? ... Wilhelm hatte so einen Schock, daß er wahrscheinlich gar nichts gespürt hat. Die beiden Ganoven schlenderten inzwischen einfach davon, als ob nichts geschehen wäre.«

»Sie ließen ihn einfach auf der Straße liegen?!«

»Ja. Aber bald kam zufällig ein Taxifahrer vorbei und brachte den schwerverletzten Wilhelm sofort in ein Krankenhaus. Wilhelm wurde auf der Stelle operiert.«

Bäcker Mostek kam auf einmal ins Schwärmen: »So ein Spital in Wien ist wie ein Palast. Die Patienten liegen in großen Betten, wie Könige. Die Ärzte spazieren von einem Bett zum anderen und unterhalten sich über Literatur und ernste Musik. Und erst die Krankenschwestern! Die meisten kommen aus exotischen Ländern. Sie sind schöner als alle unsere Schönheitsköniginnen zusammengenommen. Sie brauchen einen nur anzulächeln, schon muß man sich für zwei weitere Wochen krankschreiben lassen.«

»Das weiß doch die ganze Welt, daß die Wiener Spitäler die besten sind. Aber was war dann?« fragte Herr Felix.

»Das Auge war nicht mehr zu retten. Wilhelm bekam ein Glasauge, das allerdings so gut eingesetzt wurde, daß man keinen Unterschied zum echten sah. Außerdem kamen die Krankenschwestern oft an sein Bett, und Wilhelms Genesung schritt schnell voran. Zwei Wochen später öffnete er wieder seine Arztpraxis. Er bat scherzhalber seine Assistentin Jola, zu erraten, welches seiner Augen das Glasauge sei. Das arme Mädchen tippte auf das echte, und Wilhelm lachte wie verrückt darüber. Langsam begann Gras über die Sache zu wachsen. Zwei Monate später fuhr Wilhelm aber zu einem Zahnärztekongreß in die Schweiz. Er mußte den Nachtzug nehmen. Er hatte ein ganzes Schlafwagenabteil für sich. In einer dunklen Vorahnung schloß er sich dort ein. Doch mitten in der Nacht mußte er auf die Toilette. Sie war nur wenige Schritte von seinem Abteil entfernt. Wilhelm ging in seinem Pyjama hin. Als er die Toilette betrat, sah er dort etwas, was ihm die Haare zu Berge stehen ließ. Niemand anderer als die beiden Ganoven warteten auf ihn. Sie lächelten Wilhelm zu. Es war ein grausames Lächeln, das nichts Gutes verhieß. Bevor Wilhelm etwas unternehmen konnte, wurde er geknebelt ...«

»Die Nachtzüge sind eine Zumutung, wenn ihr es wissen wollt«, mischte sich Pasur ein und goß Mostek nach.

»Genug«, bedankte sich Mostek und fuhr fort: »Diesmal fiel die Beute der Räuber bescheiden aus. Wilhelm hatte nur seine Rolex dabei. Aber sonderbarerweise ging es den beiden Männern nicht nur darum, ihn auszurauben. Das war offenbar nur ein Vorwand für ihre sadistischen Pläne. Sie genossen die Angst, in die sie Wilhelm versetzten, aber das, was noch folgen sollte, geht über die menschliche Vorstellung hinaus.«

»Laß mal raten«, sagte Pasur, »... sie haben ihm das andere Auge ausgestochen.«

Mostek schüttelte den Kopf. »Über der Tür hing eine Crashaxt, die dazu dient, im Fall einer Notsituation das Toilettenfenster zu zertrümmern. Einer der Männer holte sie herunter und näherte sich Wilhelm. In seinen Augen malte sich eine merkwürdige Freude über das, was gleich folgen sollte. Ohne Vorwarnung holte er aus und schlug zu. Wilhelm spürte plötzlich etwas Sonderbares mit seinem rechten Arm geschehen. Er sah alles wie durch einen Schleier. Aus seinem Armstumpf schoß das Blut auf den weißen Fließenboden. Die Hand lag abgetrennt daneben. Wilhelm öffnete den Mund, um etwas zu sagen, aber es kam kein Laut aus ihm heraus. Der andere Mann holte ein Taschentuch hervor, hob die abgetrennte Hand auf, kurbelte das Toilettenfenster herunter und warf sie aus dem fahrenden Zug. Erst in diesem Augenblick verlor mein armer Schwager das Bewußtsein.«

»Ein schrecklicher Tod«, sagte Felix bestürzt.

»Und jung war er noch dazu, der Ärmste!« bedauerte Hanka und holte sich ein Bier aus dem Kühlschrank.

»Aber wenigstens haben die Kriminellen im Ausland originelle Methoden«, lobte Herr Pasur, »unsere hauen dir den Schädel mit einem Ziegelstein ein und essen am selben Abend im Wirtshaus eine Schweinsstelze.«

»Das ist wahr«, bestätigte Herr Felix, »in Sachen Kultur hinken wir mindestens um dreißig Jahre nach.«

Mostek fuhr fort: »Nach einiger Zeit bemerkte der Schaffner, daß mit der Toilette etwas nicht stimmte. Er brach die Tür auf und sah Wilhelm in einer Blutlache liegen. Von den Banditen gab es längst keine Spur mehr. Statt zu einem Zahnärztekongreß zu fahren, kam mein Schwager wieder in eine Klinik. Alle waren über den brutalen Überfall erschüttert. Der Polizeinspektor, der Wilhelm ein paar Tage später im Spital verhörte, schüttelte immer wieder vor Entrüstung den Kopf. Dabei verschränkte er taktvoll hinter dem Rücken die Arme, um Wilhelm den Anblick zweier gesunder Männerhände zu ersparen. Diesmal konnte Wilhelm wenigstens eine genaue Beschreibung der beiden Täter liefern. In jener Nacht waren sie sehr elegant gekleidet. Sie trugen teure Anzüge und Schuhe aus englischem Leder. Einer von ihnen hatte eine kleine Narbe unter dem Auge. Wilhelm fiel auch auf, daß sie nie ein Wort wechselten. Sie führten alles schweigend aus. Der Inspektor, der Wilhelm versehentlich zum Abschied doch noch die Hand reichen wollte, wünschte baldige Genesung und versprach, so schnell wie möglich die beiden Banditen zu fassen.«

»Was ist denn aus der Hand geworden?« erkundigte sich Herr Felix.

»Man hat zwei Tage lang danach gesucht. Vergeblich.«

»Vielleicht hat sie sich ein streunender Hund geschnappt? Warum nicht? Die machen da keinen großen Unterschied.«

»Eher ein Wolf«, meinte Pasur.

»Vor kurzem habe ich in der Zeitung gelesen, daß es in Österreich gar keine Wölfe gibt«, mischte sich Hanka ein.

»Als ob die nicht über die Grenze laufen könnten?!« lachte Pasur sie aus, »... brauchen die etwa einen Paß, wo *Volksrepublik Polen* draufsteht?«

Hanka überlegte und nahm einen tüchtigen Schluck Bier.

»Verflixte Bürokratie«, stimmte Felix zu, »ein Wolf kann einfach eines Tages über die Grenze nach Deutschland spazieren. Wenn er ein bißchen Glück hat, kommt er in einen Deutschen Nationalpark und lebt wie im Paradies. Erinnert euch, wie Maniek damals nach Deutschland gefahren ist. Nach zwei Tagen kam er wieder zurück, und vorne fehlte ihm ein Zahn.«

Mostek nahm die Erzählung wieder auf: »Wilhelm wurde in der Klinik langsam gesundgepflegt. Unterdessen lief die Fahndung auf Hochtouren. Jeder wollte die Räuber gesehen haben. Einmal verhaftete man sogar zwei Verdächtige, ließ sie aber wieder frei, weil sie ein Alibi hatten. Inzwischen verließ Wilhelm das Spital. Er bekam eine amerikanische Armprothese. Der Chirurg war ein Freund von ihm und hat seine Arbeit ausgezeichnet gemacht. Es stellte sich heraus, daß Wilhelm Glück im Unglück hatte. Die Banditen hackten ihm die rechte Hand ab. Sie wußten nicht, daß er Linkshänder war. Er konnte seine Arbeit fortsetzen. Nach einem Monat öffnete er seine Praxis wieder. Die Patienten merkten keinen Unterschied. Es kamen sogar noch mehr als früher. Wilhelm bat wieder scherzhalber die Assitentin Jola, zu raten, welche Hand falsch war, aber das Mädchen hatte noch gut die erste Wette in Erinnerung und weigerte sich. Wieder brach mein Schwager in ein unheimliches Lachen aus. Seine Nerven waren mächtig angegriffen.«

»Irgendwo habe ich gelesen, daß man jemandem einmal eine Prothese verkehrt angenäht hat«, rief Hanka von ihrer Theke aus. Das Bierglas in ihrer Hand war schon fast leer. »Als sie sie richtig annähen wollten, kroch der Patient unter das Bett und wollte auf keinen Preis herauskommen. ›Aber warum verstecken Sie sich denn?!‹ wunderten sich die Ärzte. Der Patient steckte den Kopf heraus: ›Ich komm nur heraus, wenn ihr mir versprecht, daß sie so bleibt, wie sie ist. Endlich kann ich mir meine

Blusen hinten zuknöpfen. Früher mußte ich darum regelrecht betteln, daß mir jemand dabei hilft‹, heulte er.«

»Wenn das kein betrunkenes Weibsstück wie du war«, sagte Pasur.

Hanka sah ihm ins Gesicht und brach in freches Gelächter aus. Mostek ergriff wieder das Wort:

»Wie immer nach solchen Ereignissen geriet alles schnell in Vergessenheit. Im Sommer fuhr Wilhelm mit der ganzen Familie nach Portugal. Sie kamen ausgeruht und zufrieden zurück. Die beiden Überfälle lagen hinter ihnen wie ein böser Alptraum. Die Ganoven hatten es offensichtlich mit der Angst zu tun bekommen und waren untergetaucht. Sicherheitshalber kommandierte der Inspektor einen Wachmann vor die Wohnung Wilhelms ab. Weihnachten kam. Wilhelm kaufte Geschenke für seine Familie. Seine Frau bekam einen teuren Brillantring, und der Junge eine elektrische Eisenbahn. Wilhelm bekam auch ein Geschenk. Es war ein altes Briefmesser, das vor Jahrhunderten einem tschechischen Grafen gehört hatte. Am Abend, als alle schon im Bett waren, schloß sich mein Schwager wie üblich in seinem Kabinett ein. Vor dem Schlafen hörte er sich immer gerne eine Platte von Beethoven an. Während er auf der Couch lag, seine Kopfhörer auf hatte und mit dem Briefmesser des tschechischen Grafen die Neunte Symphonie dirigierte, öffnete sich langsam das Fenster. Zwei Gestalten stiegen leise ins Zimmer. Es war niemand anderer als die beiden Banditen, die wieder aufgetaucht waren. Wilhelm bemerkte nichts. Er war so in Beethoven verliebt, daß ihm nicht einmal dann etwas auffiel, als die beiden Banditen ihn schon mit einem sonderbaren Lächeln betrachteten. Einer von ihnen beugte sich über Wilhelm und riß ihm die Kopfhörer herunter. Mein Schwager erstarrte. In den Gesichtern der Ganoven tauchte ein Grinsen auf, das eine Tat ankündigte, die an Grausamkeit die vorangegangenen übertreffen sollte. Einer der beiden nahm Wilhelm das Briefmesser aus der Hand. Mein Schwager war so erschrocken, daß er alles mit sich geschehen ließ. Der andere knöpfte Wilhelms Pyjama auf, bis der Bauch zum Vorschein kam. Der Mann mit dem Briefmesser vollführte zwei überraschende Bewegungen, und plötzlich fühlte Wilhelm einen stechenden Schmerz im Bauch. Er hob den Kopf und sah, daß sein eigener Bauch in der Form eines Kreuzes aufgeschlitzt war. Alles war voll Blut. Wilhelm versuchte, Atem zu schöpfen, stellte aber fest, daß es ihm nicht mehr richtig gelang. Auf der Zunge tauchte ein bitterer Geschmack auf. Er drehte sich langsam auf die Seite, um die Schmerzen zu lindern. Dabei bekam er einen Krampf, und ein kleiner ovaler Gegenstand fiel auf den Boden und rollte unter den Tisch. Es war Wilhelms Glasauge. Als wäre das nicht genug, stützte er sich derart unglücklich auf, daß die Armprothese unter seinem Gewicht zerbrach. Es sah aus, als würde sich Wilhelm in Einzelteile auflösen. Wilhelm warf einen letzten Blick auf das Messer in seinem Bauch und stieß einen leisen Seufzer aus. Wenige Minuten später starb er. Man fand seine Leiche erst am nächsten Morgen. So hat sich der Fluch, der über ihm hing, erfüllt.«

Herr Felix kratzte sich am Kopf und blickte taktvoll auf sein Glas: »Naja, wenn du einmal Pech hast, hilft dir nicht einmal die Heilige Jungfrau Maria mehr.«

»Und wie ist die Geschichte ausgegangen? Hat die Polizei die Mörder gefaßt?« fragte Pasur.

Mostek schüttelte den Kopf: »Man kann sie gar nicht finden.«

»Wieso denn nicht?«

»Kurz vor dem Begräbnis Wilhelms half ich seiner Frau, in seinem Zimmer Ordnung zu machen. Niemand hatte dieses Zimmer seit seinem Tod betreten. Unter der Couch machte seine Frau einen merkwürdigen Fund. Es war ein Plastiksack mit der Beute der Räuber. Nichts fehlte. Die Brieftasche, die Rolex, sogar das Medaillon war da. Beim letzten Gegenstand sträubten sich ihr die Haare – es war die Crashaxt aus dem Nachtzug. Alles war mit Blut beschmiert. Ich sagte, wir müßten es der Polizei melden, aber Wilhelms Frau schüttelte nur den Kopf. Als ich darauf bestand, drehte sie sich einfach um und ging in die Küche.«

»Es ist immer dasselbe. Wenn es brenzlig wird, gehen die Weiber in die Küche«, beschwerte sich Pasur.

»Am nächsten Tag fragte ich sie wieder, warum sie nicht zur Polizei gehen wollte. Wir standen im Wohnzimmer. Plötzlich sah sie mich so an, daß mir ein Schauer den Rücken herunterlief. ›Was zum Teufel geht hier vor?‹ dachte ich, hielt aber von nun an den Mund. Schließlich kam der Tag meiner Abreise. Sie begleitete mich zum Bahnhof. Wir sprachen im Taxi kein Wort miteinander, aber auf dem Bahnsteig, als ich schon mein Gepäck im Zug verstaut hatte, wurde sie auf einmal wehmütig.

Sie fing zu weinen an und sagte, daß sie sehr traurig über die Abfahrt des letzten Verwandten von Wilhelm sei. Ich fragte noch einmal: ›Warum geben Sie es nicht der Polizei? Wir könnten wenigstens dadurch etwas Gutes für Wilhelm tun.‹ Sie sah mich an, als hätte ich ihr einen großen Schmerz zugefügt, und sagte: ›Wenn wir etwas Gutes tun wollen, dann sollten wir schweigen.‹ Mit diesen Worten zog sie aus ihrem Handtäschchen einen Zettel hervor und reichte ihn mir. ›Ich habe das unter der Couch gefunden. Lesen Sie – es ist Wilhelms Handschrift.‹

Ich nahm den Zettel mit dem Gefühl, als ob gleich der tote Wilhelm neben mir auftauchen würde. Ich las eine Botschaft aus dem Jenseits:

Kannst du mir verzeihen? Seit langem verspürte ich nur mehr Ekel gegen meinen Körper. Ich wollte es bereits beim erstenmal tun, aber es kam etwas dazwischen. Den Rest kennst du ja. Beschuldigt niemanden. Ich habe es selbst getan. Wilhelm.

›Das ist ja ein Ding!‹ stammelte ich. Meine Schwägerin fing zu weinen an. Ich reichte ihr ein Taschentuch. ›Das haben Sie nicht verdient‹, tröstete ich sie, ›wissen Sie, wir Slawen sind alle ein bißchen eigenartig. Obwohl ich gemeint hätte, daß Wilhelm ...‹, ich unterbrach mich, weil sie sonst einen Weinkrampf bekommen hätte. Die arme Frau war am Ende ihrer Kräfte. Da kam mir eine Idee. Ich lief in mein Abteil und nahm den Käfig mit meinem Kanarienvogel, den ich auf jede Reise mitnahm. Ich reichte ihr den Käfig durchs Fenster und sagte: ›Gefällt er Ihnen? Behalten Sie ihn bitte als Andenken.‹ Als der Kanarienvogel spürte, daß er nicht mehr in dem stickigen Zug war, begann er seine Lieblingsmelodie zu trillern.

›Kann man einen Vogel zähmen?‹ fragte sie mich. Ich nickte und öffnete den Mund, um noch etwas zu sagen, aber der Schaffner gab das Abfahrtszeichen, und der Zug setzte sich plötzlich in Bewegung. Ich konnte nur mehr winken. Ich sah sie noch lange auf dem Bahnsteig stehen, mit dem Käfig in der Hand, und so habe ich sie auch in Erinnerung behalten.«

»Das war ja ein schönes Früchtchen, dein Schwager!« rief Pasur.

Herr Felix pflichtete ihm bei: »Das kommt davon, wenn man einmal im Jahr nach Portugal fährt und eine Villa hat.«

»Aber was ist aus dem Kanarienvogel geworden?« erkundigte sich Hanka.

Mostek goß sich ein Gläschen *Grasovka* ein und trank es in einem Zug aus.

»Wilhelms Witwe hat ihn jetzt.«

»Na, dann ergeht es ihm vielleicht genauso wie deinem Schwager«, lachte Hanka.

Mostek sah von Pasur zu Felix.

»Habt ihr schon von einem Kanarienvogel gehört, der Selbstmord begangen hat?« rief er. Alle drei Männer brachen wie auf ein Kommando in schallendes Gelächter aus. Hanka preßte die Lippen zusammen und schaute beleidigt auf ihre Theke.

Immer noch lachend rollte Mostek seine Trauerbinde herunter und betrachtete hochzufrieden seinen blauen Matrosenanker.

Inhaltsverzeichnis

Herr Trombka und der Teufel ... *S. 7*
Franio ... *S. 37*
Der Komet ... *S. 105*
Julius geht nach Hause ... *S. 123*
Schwager Wilhelm ... *S. 137*